Secretos de un servidor

Una reseña sobre la vida cotidiana del apóstol Pablo

Harold McDougal

Secretos de un servidor
Copyright © 2011 por Harold McDougal
TODOS LOS DERECHOS RESERVADOS
BAJO CONVENCIONES DE COPYRIGHT
INTERNACIONALES Y PANAMERICANAS

Este libro fue publicado originalmente en inglés bajo el título, *"Secrets of a Servant"*, © 1998 por Harold McDougal.

Si no hay notación a lo contrario, el texto bíblico ha sido tomado de la versión Reina-Valera, © 1960 Sociedades Bíblicas en América Latina; © renovado 1988 Sociedades Bíblicas Unidas. Las referencias marcadas TLA son tomadas de la *Traducción en lengua actual*, © 2000 Sociedades Bíblicas Unidas. Las marcadas NIV son de la Versión Nueva Internacional, © 1999 por Bíblica. Utilizados con permiso.

McDougal Publishing es un ministerio de la Fundación McDougal, Inc., una corporación sin fines de lucro de Maryland dedicada a la divulgación del Evangelio del Señor Jesucristo a tanta gente y en el menor tiempo como fuese posible.

Traducido al español por Jorge Ramiro Cabrera Villalón

Publicado por:

McDougal Publishing
P.O. Box 3595
Hagerstown, MD 21742-3595

www.mcdougal.org

ISBN 978-1-58158-174-4

Impreso por pedido en los EEUU y Inglaterra
Para distribución mundial

Dedicatoria

"¡Qué desperdicio tan grande!"
Marco 14:4, TLA

Así dijeron los carnales, quienes, consternados, observaron a María arrancar el vaso de alabastro que contenía una libra del preciado y costoso ungüento denominado "nardo", y, con ello, ungir la cabeza y pies del Señor Jesucristo. ¡Qué desperdicio! Se podría haber vendido, y se pudo haber usado la ganancia para mejorar las condiciones de vida de los pobres. Se podría haber usado para respaldar al ministerio. ¡Qué desperdicio! Hoy día, más que dos mil años después, aun todavía se considera un desperdicio el haberla roto y vertido para Cristo.

Dedico estas páginas a aquellos cristianos que no están satisfechos con ser aclamados santos, sino desean ser servidores, sí, esclavos del Señor Jesús, para ser quebrantados, derramados, y consumados—desperdiciados—para El.

Reconocimiento

Cualquier creyente se sentiría honrado al tener la cantidad de familiares y amigos que sirven como consejeros y críticos de los cuales me complazco. No solamente soy un profundo deudor de aquellos maestros devotos, a través de los cuales he sido enaltecido durante muchos años, sino por aquellos piadosos diligentes que sirven de inspiración y esclarecimiento de la verdad.

Un Mensaje a los amantes de la Biblia

Cada uno de nosotros tiene su propio modo de estudiar la Biblia. Cuando llegó a ser cristiano, estaba tan ansioso a aprender que si un libro expresaba una verdad sin dar la referencia bíblica para ello, me quedaba profundamente desilusionado. Deseaba investigarlo todo, estudiar cada fragmento y hacerlo propio. Cuando comencé a escribir, me aseguré que mis escritos estuviesen empapados de referencias bíblicas, y nunca he perdido ese hábito. Confío también en que los nuevos cristianos, como creyentes maduros, gusten del estilo al que he llegado a amar. Y para aquellos que deseen un estudio adicional, pueden hallar un índice completo de pasajes bíblicos al final del libro.

Por la gracia de Dios soy lo que soy; y su gracia no ha sido en vano para conmigo, antes he trabajado más que todos ellos; pero no yo, sino la gracia de Dios conmigo.

1 Corintios 15:10

Contenido

Introducción 9

1. Una conversión genuina 11
2. Un fervor poderoso 19
3. Una vocación reconocida 35
4. Una revelación divina 52
5. Un compromiso total 80
6. Una determinación obstinada 105
7. Un enfoque realista 120
8. Un arma secreto 135
9. Una vida de fe 142
10. Un hombre, pero ¡Qué hombre! 152

El índice de escrituras usadas 166

Introducción

Desde los comienzos de mi experiencia cristiana, he tenido una gran fascinación por la vida del apóstol Pablo. Este hombre se convirtió en ministro de los gentiles, y estableció sus primeras iglesias. Escribió más de la mitad de los libros del Nuevo Testamento y, a través de ellos, nos reveló muchos de los grandes misterios del Reino.

Al escribir a los romanos, Pablo señaló que a través de su prédica se les dio a conocer un misterio que se había mantenido en secreto desde que comenzó el mundo (ver Romanos 16:25-26). Al escribir a los Corintios, dijo: *"He aquí, os digo un misterio"* (1 Corintios 15:51). Cuando escribió a los efesios, les pidió que orasen por él porque estaba intentando *"dar a conocer con denuedo el misterio del evangelio"* (Efesios 6:18-19).

Entre todos los primeros creyentes, Pablo fue utilizado de una manera excepcional:

> *Y hacía Dios milagros extraordinarios por mano de Pablo, de tal manera que aun se llevaban a los enfermos los paños o delantales*

de su cuerpo, y las enfermedades se iban de ellos, y los espíritus malos salían.

Hechos 19:11-12

Pablo, de hecho, fue utilizado *"más que todos ellos"* (sus compañeros apóstoles):

Por la gracia de Dios soy lo que soy; y su gracia no ha sido en vano para conmigo, antes he trabajado más que todos ellos; pero no yo, sino la gracia de Dios conmigo.

1 Corintios 15:10

¡Qué hombre increíble! Deberíamos emular su vida. Por más de cincuenta años he estado examinando las Escrituras para descubrir los secretos del éxito de Pablo, y creo que he descubierto algunos de ellos. Ahorra, permítanme compartir con ustedes, por medio de este libro, algunos de los *Secretos de un Servidor,* los cuales nos son revelados en las Sagradas Escrituras.

Harold McDougal

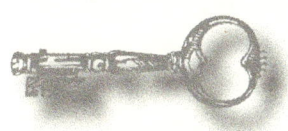

Capítulo 1

Una conversión genuina

De modo que si alguno está en Cristo, nueva criatura es: las cosas viejas pasaron; he aquí todas son hechas nuevas. 2 Corintios 5:17

La metamorfosis de Saulo de Tarso en el apóstol Pablo es un ejemplo perfecto de lo que Cristo puede hacer por un hombre. No solamente había perseguido a la Iglesia, sino que dijo:

Señor, ellos saben que yo encarcelaba y azotaba en todas las sinagogas a los que creían en ti Hechos 22:19

SECRETOS DE UN SERVIDOR

Saben también con qué violencia hacía yo sufrir a los miembros de las iglesias de Dios, y cómo hice todo lo posible por destruirlos.
Gálatas 1:13, TLA

Habiendo yo sido antes blasfemo, perseguidor e injuriador. 1 Timoteo 1:13

Pablo fue cómplice de asesinato:

Yo encerré en cárceles a muchos de los santos ... , y cuando los mataron, yo di mi voto. Y muchas veces, castigándoles en todas las sinagogas, los forcé a blasfemar; y enfurecido sobremanera contra ellos, los perseguí hasta en las ciudades extranjeras.
Hechos 26:10-11

Lucas, un compañero de Pablo en el ministerio, dijo de él:

Y Saulo consentía en su muerte [la de Esteban]. Hechos 8:1

Saulo, respirando aún amenazas y muerte contra los discípulos del Señor, vino al sumo sacerdote, y le pidió cartas para las sinagogas en Damasco, a fin de que si hallase

UNA CONVERSIÓN GENUINA

algunos hombres o mujeres de este Camino, los trajese presos a Jerusalén.

Hechos 9:1-2

Pablo se conocía asimismo mejor que nadie, y se describía como el *"primero"* entre los pecadores (1 Timoteo 1:15). Sin embargo, obtuvo *"misericordia"* (versículo 13) y *"gracia"* (versículo 14) porque, como manifestaba, *"Cristo Jesús vino al mundo para salvar a los pecadores"* (versículo 15). La gracia de Dios alcanzó a un hombre que era el *"primero"* entre los pecadores y lo transformó en el primero entre los apóstoles. ¡Oh!, el milagro maravilloso de la gracia que puede hacer un mártir cristiano de un asesino.

En 1964, cuando viajaba a las Filipinas por primera vez, conocí a la misionera Olga Robertson, y con ella, visitamos las prisiones de ese país. Allí observé varios milagros de la gracia de Dios. Vi a hombres que habían cometido los peores crímenes conocidos a la sociedad. A muchos de ellos se les imputaban numerosos cargos, pero bajo el ministerio de esta mujer valiente un buen número de ellos se habían purificado y renovado por la sangre de Jesucristo.

Por ejemplo, mientras estuve allí, conocí a un joven increíble quien compartió conmigo su emotiva historia. Muchos años antes, José Gacusan había dado muerte a un policía en la ciudad de Davao (ciudad principal en la isla de Mindanao). Uno de los oficiales de la prisión, el Capitán Cariaga, odiaba a José. Lo castigaba, y no le proporcionaba alimento ni agua durante días. Asimismo, José odiaba al capitán.

Luego de su juicio, José fue sentenciado a cadena perpetua y enviado a la prisión de Muntinlupa. José juró escaparse y matar al Capitán Cariaga. Fue en ese lugar donde oyó por primera vez el mensaje del evangelio a través de Olga Robertson. Al escuchar sobre el amor de Jesús y que había clavado sus pecados en la cruz, el corazón endurecido de José se conmovió. Decidió dejar que Jesús hiciese algo útil de su vida quebrantada. Se convirtió extraordinariamente, y se volvió un verdadero testigo cristiano en la prisión. Con tiempo, llegó a ser el hombre de confianza de Olga.

Casi al mismo tiempo, en la ciudad de Davao, el capitán solía ir a una iglesia evangélica, escuchó el mensaje de liberación, se arrepintió de sus pecados y fue rescatado. Fue una salvación notable, puesto que, aunque nunca había estado tras las rejas, había llevado una vida perversa. Más tarde entró al ministerio.

Un tiempo después, el capitán contactó a Olga para comunicarle que deseaba dar su testimonio en la prisión de Muntinlupa para bien de los

UNA CONVERSIÓN GENUINA

criminales más rudos del país, y se hicieron los preparativos. Cuando el Capitán Cariaga entró al recinto de la prisión el dia asignado, un joven se aproximó a Olga para asistirla con unos paquetes que contenían la Biblia, libros con canciones e instrumentos de música. Ese hombre era José Gacusan. Cuando el capitán y el joven se encontraron, quedaron estupefactos. José corrió y lanzó sus brazos al Capitán Cariaga. Me encantaría tener una fotografía de esa escena. Al pie de la imagen pondría por leyenda "Un milagro de amor y gracia." Fue exactamente ese milagro el que transformó a Saulo de Tarso, una transformación tan completa que ni su nombre permaneció el mismo.

Volvimos a Muntinlupa varias veces después que nuestra primera hija, Debora, naciera. No tuvimos reparos en dejar que José la tuviera en sus brazos. Ya no era un asesino. Era ahora un verdadero hijo de Dios, porque había experimentado una verdadera conversión.

"De modo que si alguno está en Cristo," Pablo escribió a los Corintios después de años de su conversión en la vía a Damasco, *"nueva criatura es: las cosas viejas pasaron; he aquí todas son hechas nuevas."* (2 Corintios 5:17). Hoy en día me entristece el hecho de la carencia de cambio en muchos que proclaman a Jesucristo como su Señor. Creer en Cristo no es simplemente un ejercicio mental. Ni

es solamente un cambio de opinión. Es un milagro que provoca un cambio total en nosotros.

Soy bastante realista y se que muchas enseñanzas bíblicas establecen un ideal para el cual tenemos que esforzarnos. Aun no he hallado al cristiano perfecto (a pesar que lo he estado buscando durante mucho tiempo y en diferentes países). Aunque he conocido a grandes hombres y mujeres, ninguno ha sido perfecto.

No estoy suponiendo la perfección, sino que ¿es correcto decir que creemos en Cristo si no ha habido ningún cambio en nosotros, ninguna conversión? Estoy convencido que no. La razón de que muchos de aquellos que se dicen ser cristianos no son auténticos para el Señor es porque no han experimentado una transformación genuina. Jesús dijo:

Si no os volvéis y os hacéis como niños, no entraréis en el reino de los cielos.

Mateo 18:3

Pedro, cuando predicaba después del Día de Pentecostés, declaró:

Así que, arrepentíos y convertíos, para que sean borrados vuestros pecados; para que

UNA CONVERSIÓN GENUINA

vengan de la presencia del Señor tiempos de refrigerio. Hechos 3:19

Espero ver los frutos de la transformación en aquellos que llaman el nombre de Jesús. No podemos ser suyos y permanecer iguales.

Pablo instruyó a Timoteo en exigir ciertos requisitos para el ministerio. Aquellos que ministrasen debían ser:

Marido de una sola mujer, sobrio, prudente, decoroso, hospedador, apto para enseñar, no dado al vino, no pendenciero, no codicioso de ganancias deshonestas, sino amable, apacible, no avaro. 1 Timoteo 3:2-3

Continuaba:

También es necesario que tenga buen testimonio de los de afuera. 1 Timoteo 3:7

Habían requisitos también para las esposas de los ministros:

Las mujeres asimismo sean honestas, no calumniadoras, sino sobrias, fieles en todo.
1 Timoteo 3:11

SECRETOS DE UN SERVIDOR

Todos estos requisitos fueron evidencias de una experiencia de legítima conversión.

Nunca serás eficaz estando con un pie en la carne y el otro en el espíritu, entre noche y día, entre la iglesia y el mundo, entre el pecado y la virtud. Dirígete hacia el lado de Dios. Rompe sencillamente con el pecado. Deja de lado los compromisos y sé realmente un cristiano. Expresa los frutos de una conversión genuina.

Este fue el primero de los secretos que Pablo nos enseñó a través de su andar diario con Dios, y fue importante. Cualquier otra cosa en nuestras vidas depende de este fundamento espiritual.

Capítulo 2

Un fervor poderoso

En seguida predicaba a Cristo en las sinagogas, diciendo que éste era el Hijo de Dios.
Hechos 9:20

Y hablaba denodadamente en el nombre del Señor, y disputaba con los griegos; pero éstos procuraban matarle. Cuando supieron esto los hermanos, le llevaron hasta Cesarea, y le enviaron a Tarso. Entonces las iglesias tenían paz por toda Judea, Galilea y Samaria; y eran edificadas, andando en el temor del Señor, y se acrecentaban fortalecidas por el Espíritu Santo. Hechos 9:29-31

SECRETOS DE UN SERVIDOR

Después fue Bernabé a Tarso para buscar a Saulo; y hallándole, le trajo a Antioquía. Y se congregaron allí todo un año con la iglesia, y enseñaron a mucha gente; y a los discípulos se les llamó cristianos por primera vez en Antioquía. Hechos 11:25-26

Habiendo leído Los Hechos 9:31, muchos se forman una imagen de Pablo como un creyente inmaduro que estuvo ofendiendo a tanta gente con su audacia que tuvo que ser enviado a casa por un tiempo para que todos pudiesen tener un poco de paz. No sería sorprendente que ese pudo haber sido el caso. Los nuevos creyentes a menudo tienen más fervor que diplomacia, y cuando finalmente aprenden a ser discretos, frecuentemente resulta ir en detrimento de su fervor. No parece haber sido el caso con Pablo.

Después de su conversión, Pablo fue a Arabia por un tiempo, y luego regresó a Damasco. Causó más que un revuelo en ese lugar, hasta que *"los judíos resolvieron en consejo matarle"* (Hechos 9:23). Cuidaron los portones día y noche para que no pudiese escapar. Estos hombres tenían ayuda de un sector inesperado. Pablo más tarde escribió:

En Damasco, el gobernador de la provincia

UN FERVOR PODEROSO

del rey Aretas guardaba la ciudad de los damascenos para prenderme.

2 Corintios 11:32

El gobernador bajo Aretas, el rey árabe de Petra, no era judío ni Damasceno. Aparentemente Pablo también había causado revuelo en Arabia, provocando la ira del rey Aretas. Este envió a su gobernador con un pelotón de soldados y establecieron una guardia a las puertas de Damasco para apresar a Pablo y darle muerte. Así que los judíos estaban cuidando adentro y los árabes cuidando afuera. Los santos de Damasco recogieron a Pablo por la noche, lo pusieron dentro de un canasto, lo bajaron desde una ventana entre los portones por la pared, y pudo escapar.

Después de haber escapado de este verdadero atentado contra su vida, Pablo se dirigió a Jerusalén e intentó juntarse con los otros discípulos. Ellos no habían oído acerca de su conversión y pensaron que podría ser un engaño. Solamente habían oído sobre su persecución a la iglesia.

Bernabé vino al rescate de Pablo. Estaba consciente de su dramática conversión, su valiente sermón en Damasco y sus recientes discusiones con los griegos desde que llegó a Jerusalén. Desde ese momento, estos judíos griegos estuvieron tramando asesinar a Pablo. Parecía que Pablo incitaba a producir desórdenes dondequiera que iba. Cuando Bernabé presentó estos hechos a los discípulos, estos rápidamente comprendieron la situación.

Cuando el discípulo llamado Ananías se hubo dirigido a la Calle Derecha en Damasco e impuso sus manos a Pablo, los ojos de éste se habían abierto, y recibió al Espíritu Santo. Luego fue bautizado en agua y solamente entonces, después de tres días, comió y se fortaleció. Posteriormente, pasó unos pocos días con los discípulos locales (ver Hechos 9:19). Incluso allí, en Damasco, Pablo comenzó inmediatamente a causar revuelo en los corazones de los hombres:

> *En seguida predicaba a Cristo en las sinagogas, diciendo que éste era el Hijo de Dios.*
> Hechos 9:20

Saulo, ahora Pablo, no desperdició el tiempo. Desde el primer día de su conversión a Cristo, tuvo un fervor poderoso para declarar las buenas nuevas del evangelio. Fue directamente al lugar de culto judío y allí comenzó a predicar. Había llegado a esa ciudad para perseguir obsesivamente a los seguidores de Cristo, pero había sido transformado durante su trayecto, y ahora estaba ansioso en promover el camino de Señor.

Pablo no encomendó esta responsabilidad a los

UN FERVOR PODEROSO

santos mayores y más experimentados de Damasco. Fue él mismo, sin temor, y proclamó a sus compañeros judíos el mensaje que había transformado su propia vida.

Verdad, que Pablo era muy joven en el Señor, no tenía escuela de preparación, y tampoco conocimientos sobre la administración de la iglesia. Y claramente no tenía licencia para predicar. No obstante, podemos leer estas palabras asombrosas:

> Y *todos los que le oían estaban atónitos, y decían: ¿No es éste el que asolaba en Jerusalén a los que invocaban este nombre, y a eso vino acá, para llevarlos presos ante los principales sacerdotes?* Hechos 9:21

La primera vez que Pablo predicó, *"todos los que le oían estaban atónitos."* Estaban atónitos dado que el perseguidor se había vuelto predicador, el asesino se había vuelto apóstol, el, quien había arrebatado la vida de aquellos que servían a Cristo, estaba ahora arriesgando su propia vida por la causa de Jesús.

Pablo, sin embargo, no estaba satisfecho asombrando a la gente, sino deseaba convertirlas. Dejó Damasco y, entre el versículo 21 y 23, algo maravilloso le sucedió. El *"se esforzaba"* en su vida espiritual a tal punto que no solamente asombró a los judíos, sino que *"confundía a los judíos que moraban en Damasco, demostrando que Jesús era el Cristo"* (Hechos 9:22).

En el versículo 23, Pablo estaba de regreso en Damasco y hacía lo que fue llamado a realizar. Tenía nuevas fuerzas, nuevos conocimientos y una nueva investidura. Hablaba con poder y autoridad y podía demostrar que Jesús era el Hijo de Dios. ¿Cómo era eso posible para un cristiano naciente?

Pablo había estado en Arabia. El tiempo que estuvo allí y lo que estuvo haciendo en ese lugar son inciertos. Algunos han sugerido que Pablo estuvo en una escuela bíblica. En el primer capítulo de Gálatas, sin embargo, Pablo decía que no recibió el mensaje del evangelio de otros hombres.

El gran cambio que se produjo en la vida de Pablo nos conduce a creer que fue durante esta visita a Arabia donde recibió la *"revelación de Jesucristo"* (Gálatas 1:12). El silencio que acompañó a este período nos hace pensar que Pablo no estuvo predicando mucho o realizando muchos milagros excepcionales, sino que estuvo de rodillas ante Dios, para ser instruido, fortalecido y dignificado.

Cualquiera fuese el caso—cuan larga fue su permanencia allí y lo que estuvo haciendo ahí— Pablo estableció su ministerio. Regresó a Damasco colmado de sabiduría y poder y *"confundía a los judíos."* Antes de esto, los judíos lo habían observado

UN FERVOR PODEROSO

con asombro. Ahora estaban siendo provocados a intervenir dadas sus penetrantes palabras. Vieron que Pablo era una amenaza mortal a sus tradiciones. Tal vez advirtieron que estaba en lo cierto y ellos estaban equivocados. Finalmente, estaban tan agitados por lo que él decía que decidieron darle muerte.

Esto no nos debería sorprender. El evangelio proclamado atrae o repele, calma o incita, fortalece o derrumba, sana o lastima. Pablo estaba atravesando una espada de doble filo en el corazón del pueblo judío en Damasco, y cortaba en ambas direcciones. ¿Y cómo reaccionarían? Dado que no lo aceptarían, debían destruirlo.

Evidentemente Pablo no había estado completamente inactivo en Arabia. Había hecho lo suficiente para agitar a Aretas, y, como resultado, judíos y árabes, quienes se abominaban entre sí, fueron juntamente incitados a aborrecer a Cristo y a los cristianos, y se unieron para destruir a Pablo. Pero Dios señaló a Pablo una vía de escape puesto que su ministerio estaba recién comenzando.

Cuando Pablo llegó a Jerusalén, no buscó ocultarse:

> *Y hablaba denodadamente en el nombre del Señor*   Hechos 9:29

SECRETOS DE UN SERVIDOR

Retrocediendo a los capítulos seis y siete de Los Hechos, podemos enterarnos sobre una disputa surgida entre los judíos helenos y Esteban. Los judíos helenos eran tanto europeos y asiáticos quienes habían adoptado la cultura del imperio griego. Aquellos mencionados en esta sección eran *"los libertos, y de los de Cirene, de Alejandría, de Cilicia y de Asia"* (Hechos 6:9).Ellos *"no podían resistir a la sabiduría y al Espíritu con que [Esteban] hablaba"* (Hechos 6:10). Estaban tan enfadados que *"sobornaron [incitaron al mal] a unos para que dijesen que le habían oído hablar palabras blasfemas contra Moisés y contra Dios"* (Hechos 6:11). Esto agitó al público en general y a los superiores y escribas en particular, y llevaron a Esteban ante el concejo. Los helenos presentaron testigos falsos contra él, mas, bajo la unción del Espíritu Santo, Esteban condujo una defensa brillante:

Oyendo estas cosas, se enfurecían en sus corazones, y crujían los dientes contra él.
Hechos 7:54

Estos hombres eran tan violentos que se comportaban casi como perturbados. Estaban tan resentidos contra el siervo de Dios que lo atacaron como perros furiosos. Mas, cuando lo estaban apedreando y golpeando, Esteban dirigía su mirada al

UN FERVOR PODEROSO

cielo y vio al reino celestial abierto y a Jesús ante la diestra de Dios. Cuando dijo esto, incitó más a la multitud:

Entonces ellos, dando grandes voces, se taparon los oídos, y arremetieron a una contra él. Y echándole fuera de la ciudad, le apedrearon. Hechos 7:57-58

¿Eran éstos hombres o bestias? ¿Qué les causaba tanta violencia? Esteban estaba empleando la espada del Espíritu en sus corazones, clavándola y extrayéndola, clavándola y extrayéndola. Y, ¡los estaba trozando! Los estaba partiendo hasta que no lo podían ya soportar. Podrían haber aceptado, pero rehusaron hacerlo. Rehusaron escuchar. Vociferaron, taparon sus oídos. Luego asediaron a Esteban, lo expulsaron de la ciudad y lo apedrearon hasta la muerte.

Estos hombres estaban tan enfurecidos por el aplomo de Esteban que estaban determinados a destruir toda la iglesia del Señor Jesucristo. Pronto hallaron un hombre que deseaba ayudarlos. Su nombre era Saulo de Tarso. Al comienzo, estuvo ligeramente involucrado en la intriga. Leemos:

Y los testigos pusieron sus ropas a los pies de un joven que se llamaba Saulo. Hechos 7:58

SECRETOS DE UN SERVIDOR

Pero Saulo se involucró más y más en estas actividades anticristianas:

> *Y Saulo consentía en su muerte [la de Esteban].* Hechos 8:1

Esto continuó hasta que finalmente Saulo se obsesionó en destruir a la iglesia:

> *Y Saulo asolaba la iglesia, y entrando casa por casa, arrastraba a hombres y a mujeres, y los entregaba en la cárcel.* Hechos 8:3

> *Saulo, respirando aún amenazas y muerte contra los discípulos del Señor, vino al sumo sacerdote, y le pidió cartas para las sinagogas de Damasco, a fin de que si hallase algunos hombres o mujeres de este Camino, los trajese presos a Jerusalén.*
> Hechos 9:1-2

Pablo se convirtió en el mayor propagador de este movimiento, completamente absorto en el deseo de borrar la cristiandad de la faz de la tierra. El movimiento, el cual tenía sus raíces en la muerte de Esteban, luego creció y aumentó hasta largo tiempo después. Inmediatamente luego del reporte sobre la muerte de Esteban, observamos:

UN FERVOR PODEROSO

En aquel día hubo una gran persecución contra la iglesia que estaba en Jerusalén; y todos fueron esparcidos por las tierras de Judea y de Samaria, salvo los apóstoles. Hechos 8:1

La furia inicial de esta persecución duró varios años, hasta que los judíos perdieron uno de sus más grandes líderes—a Pablo mismo. Su desplazamiento a Damasco puso fin a su pillaje de la iglesia. Lo que sucedió en el camino a Damasco ese día causó que él se volviera un pilar de la fe la cual tan fanáticamente persiguió.

Pero, ¿Porqué Pablo regresó a Jerusalén después de su conversión? ¿Y qué sucedió luego de llegar allí? Le pudo haber parecido lógico regresar y juntarse con los primeros discípulos, pero este no era el caso. Sí se reunió con Pedro y pasó quince días con él. También se reunió con Jacobo, hermano del Señor, pero con ninguno de los otros apóstoles (ver Gálatas 1:18-19). Pablo había ido a Jerusalén por una causa mucho más elevada y noble. Había algo más en su corazón, sentía que algo lo incitaba, que lo obligaba a realizar.

Pablo hizo lo que pudo con los apóstoles durante aquellas dos cortas semanas:

Y estaba con ellos en Jerusalén; y entraba y salía. Hechos 9:28

SECRETOS DE UN SERVIDOR

Pero el trabajo que Pablo se sintió impulsado a hacer fue otro:

Y hablaba denodadamente en el nombre del Señor, y disputaba con los griegos.
Hechos 9:29

Esto es lo que Pablo estaba esperando. Esto es lo que le decía su corazón que debía realizar. Debía regresar a Jerusalén y retomar el compromiso de Esteban. Debía enaltecer el trabajo interrumpido de Esteban. Se dirigió directamente a sus antiguos séquitos, a los crueles perseguidores, a los furiosos antagonistas, a la horda brutal, y comenzó a discutir con ellos acerca del Señor Jesucristo.

Con ello, estaba desafiando a los temidos helenistas nuevamente. ¡Qué devoción! ¡Qué fe! ¡Qué poder! ¡Qué amor! ¡Qué fervor tan poderoso! Pablo arriesgó su vida para darle a un grupo de perseguidores furiosos otra oportunidad para hallar a Cristo y convertirse como él lo había hecho.

De todos modos, no cambiarían. Sus oídos aun estaban sordos a la verdad. Estos hombres no odiaban a Esteban. Odiaban la verdad. Habían trabajado con Pablo y lo consideraban un amigo, pero ahora estaba hablando la verdad. De pronto también lo odiaban. Estaban sintiendo aquella misma espada del Espíritu punzando sus corazones como

UN FERVOR PODEROSO

antes, y el resultado fue que estaban llenos de odio hacia Pablo al igual que había sido hacia Esteban. Rápidamente se levantaron, como antes, y comenzaron a conspirar la muerte de Pablo:

Éstos procuraban matarle.   Hechos 9:29

Cuando los creyentes en Jerusalén supieron que los judíos helenistas pretendían asesinar a Pablo como lo habían hecho con Esteban, lo ayudaron a escapar. No era su momento para morir. Aun era un hombre joven, y Dios lo necesitaba. El momento de Esteban había llegado, pero no el de Pablo. Dios podría obtener más gloria de él estando vivo que muerto. Los santos de Damasco lo habían bajado dentro de un canasto y ahora los santos de Jerusalén le ayudaron a escapar en un barco. Dios tenía grandes cosas guardadas para este hombre ¡Y lo sabían!

Pablo no fue embarcado silenciosamente, como han sugerido algunos, debido a su falta de conocimiento y poder o porque era problemático y reprochable. Estos cristianos fervientes le ayudaron a escapar porque era un joven con un gran potencial. Tenía un gran conocimiento y poder. Estremecía la tierra dondequiera que iba. Era una "bola de fuego," una llama ardiente para Dios. Su fervor poderoso lo impulsaba a la acción, ¡y daba resultados! El hecho que el versículo siguiente expresa que las iglesias tenían paz tiene que ver con Pablo, pero no en el sentido que los detractores han podido imaginar. Las otras iglesias aun ni conocían a Pablo. El no había estado en Samaria ni en Galilea desde su conversión. Luego escribiría:

> *Y no era conocido de vista a las iglesias de Judea, que eran en Cristo; solamente oían decir: Aquel que en otro tiempo nos perseguía, ahora predica la fe que en otro tiempo asolaba. Y glorificaban a Dios en mí.* Gálatas 1:22-24

Cualquiera de las iglesias hubiese estado feliz al ver a este hombre alucinante. Su paz no era el resultado de hallarse libre de Pablo. Luego de su escape, sin embargo, los griegos pronto se calmaron. Cesaron sus amenazas disparatadas y las matanzas, y por primera vez desde la muerte de Esteban, se soltó el lazo que mantenían los discípulos alrededor del cuello. Este era la *"paz"* que las Escrituras mencionan:

> *Entonces las iglesias tenían paz por toda Judea, Galilea y Samaria; y eran edificadas, andando en el temor del Señor, y se acrecentaban fortalecidas por el Espíritu Santo.*
> Hechos 9:31

UN FERVOR PODEROSO

Cualquier evento que pudiésemos decir acerca de los años que Pablo pasó en Tarso serían meras suposiciones. Realmente no sabemos mucho acerca de ese período. No estamos totalmente seguros, ni siquiera los años que permaneció allí. Muchos han supuesto que pasó un total de cuatro a cinco años, incluso hasta catorce años. Ciertamente no tenemos forma de saberlo.

Y ¿qué estuvo Pablo haciendo durante todo ese tiempo? No sabemos. Podríamos suponer que debió haber estado inactivo hasta que los judíos lo hubiesen olvidado o dado por muerto. Se dirigió a casa, a Tarso, y esperó hasta que llegara el momento en que Dios decidiese cuando salir. Pudo haberse acordado sobre una señal. Alguien lo contactaría cuando llegara el momento. Bernabé fue elegido para el trabajo, y cuando llegó el momento, se dirigió a Tarso para buscar a Pablo.

Algunos pueden imaginar que al momento que Bernabé fue en busca de él, Pablo pudo haber perdido el contacto con Dios y haberse tornado frío e indiferente. Solamente podemos responder esto diciendo que la dirigencia de la iglesia percibía que Pablo estaba mejor preparado para hacer frente a una situación que había surgido en Antioquía (una relación entre judíos y cristianos en la iglesia ahí):

SECRETOS DE UN SERVIDOR

Y hallándole, le trajo a Antioquía. Y se congregaron allí todo un año con la iglesia, y enseñaron a mucha gente; y a los discípulos se les llamó cristianos por primera vez en Antioquía. Hechos 11:25-26

Lo que Pablo estuvo enseñando a estos creyentes debió haber sido lo que ellos necesitaban. Antioquía no sólo fue el primer lugar donde la gente se denominó cristianos, sino que también se tornó un centro importante de evangelismo para una gran parte del mundo conocido.

Todo esto nos permite probar que tener un fervor poderoso nunca lastima a nadie. Siempre es mejor tener fervor y cometer errores que estar seguro y no hacer nada (como muchos cristianos actuales han hecho). Los apasionados a menudo son tergiversados, y algunas veces se producen roces negativos con la gente, pero avanzan el reino de Dios.

Capítulo 3

Una vocación reconocida

Y al último de todos, como a un abortivo, me apareció a mí. Porque yo soy el más pequeño de los apóstoles, que no soy digno de ser llamado apóstol, porque perseguí a la iglesia de Dios. Pero por la gracia de Dios soy lo que soy; y su gracia no ha sido en vano para conmigo, antes he trabajado más que todos ellos; pero no yo, sino la gracia de Dios conmigo. 1 Corintios 15:8-10

Pablo no era un hombre arrogante, pero a menudo se llamaba a sí mismo apóstol (ver también Romanos 1:1 y 11:13, 1 Corintios 9:1, 2 Corintios

SECRETOS DE UN SERVIDOR

11:5 y 1 Timoteo 2:7). Algunos académicos han cuestionado la legitimidad de este derecho.

La palabra *apóstol* significa "uno que es enviado," y fue usado en el Nuevo Testamento para referirse a una persona que puso los cimientos de la iglesia. Pero significa mucho más que eso. Quiere decir "mensajero especial," y se usó originalmente en referencia a un grupo muy pequeño de seguidores de Jesucristo. Su testigo a la verdad de la resurrección los hizo apóstoles en un sentido muy especial, y nadie hoy en día podría ser un apóstol en el mismo sentido en que ellos lo fueron. La prueba de esto radica en que están reservados tronos especiales para ellos en el cielo (ver Mateo 19:28 y Lucas 22:30).

La resurrección parece haber sido la sustancia principal del "mensaje especial" de los apóstoles originales. La importancia del asunto yace en la historia judía, así que tengamos paciencia por un momento mientras reviso los hechos pertinentes.

Jesús no fue el único hombre que se atribuyó el título de Cristo, "el ungido." El libro de Los Hechos menciona otros tres hombres que se atribuyeron ese mismo título. El capítulo 8, por ejemplo, sostiene que había un hombre llamado Simón de Samaria, diciéndose ser *"algún grande"* (Hechos 8:9) y confirmaba sus peticiones con milagros de algún tipo—trucos mágicos o brujerías. Podía

UNA VOCACIÓN RECONOCIDA

convencer al pueblo de Samaria, diciendo tener poderes extraordinarios. Al ver sus milagros, respondían ratificando: *"Este es el gran poder de Dios"* (Hechos 8:10).

En el quinto capítulo de Los Hechos, el gran maestro Gamaliel relató la historia de otros dos imitadores de Cristo. Primero, mencionó a un hombre llamado Teudas: *"Antes de estos días se levantó Teudas, diciendo que era alguien"* (Hechos 5:36). La redacción de esta frase también es significativa. Teudas no era solamente un líder político, un extremista patriótico o un agitador de masas. Era un Cristo falso y muy persuasivo porque lo seguían cuatrocientos hombres. Eso significa más seguidores de los que tenía Cristo en muchas ocasiones. Pero Teudas *"fue muerto,"* relató Gamaliel, *"y todos los que le obedecían fueron dispersados y reducidos a nada"* (Hechos 5:36).

Gamaliel prosiguió a la identificación del segundo hombre: *"Después de éste, se levantó Judas el galileo, en los días del censo, y llevó en pos de sí a mucho pueblo"* (Hechos 5:37). Sabemos que los *"días del censo"* fueron aquellos días del nacimiento de Jesús. Por consiguiente, al mismo tiempo del nacimiento de nuestro Señor, había otro hombre que se proclamaba ser el Cristo de Dios, que era el Mesías, el prometido Rey de Israel. Judas *"llevó en pos de sí a mucho pueblo."* Sin embargo, Gamaliel

SECRETOS DE UN SERVIDOR

nos manifiesta: *"Pereció también él, y todos los que le obedecían fueron dispersados"* (Hechos 5:37).

Por el estilo de Gamaliel, podríamos decir que después de éste surgió uno llamado Jesús de Nazaret. Verdaderamente Él fue un hombre increíble. A la edad de doce años Él confundía a los doctos en el templo.

Hubo muchos rumores referentes a su nacimiento. Algunos pensaron que era milagroso, mientras otros cavilaron que era ilegítimo.

El verdadero trabajo de este hombre no comenzó sino hasta que tuvo más de treinta años. Luego comenzó un vasto ministerio de instrucción y sanó a los enfermos. Rápidamente fue reconocido como un gran maestro. Los hombres más eruditos de esos tiempos lo escuchaban hablar, y quedaban impresionados:

> *Y todos daban buen testimonio de él, y estaban maravillados de las palabras de gracia que salían de su boca, y decían: ¿No es éste el hijo de José?* Lucas 4:22

> *Y estaban todos maravillados, y hablaban unos a otros, diciendo: ¿Qué palabra es esta?* Lucas 4:36

> *Y venido a su tierra, les enseñaba en la*

UNA VOCACIÓN RECONOCIDA

sinagoga de ellos, de tal manera que se maravillaban, y decían: ¿De dónde tiene éste esta sabiduría ... ?   Mateo 13:54

Las acciones de Jesús de Nazaret eran tan asombrosas como sus palabras:

Y la gente se maravillaba, y decía: Nunca se ha visto cosa semejante en Israel.
Mateo 9:33

Todos se asombraron, y glorificaron a Dios, diciendo: Nunca hemos visto tal cosa.
Marcos 2:12

Y estos milagros que por sus manos son hechos?   Marcos 6:2

Y en gran manera se maravillaban, diciendo: bien lo ha hecho todo; hace a los sordos oír, y a los mudos hablar.   Marcos 7:37

Y todos, sobrecogidos de asombro, glorificaban a Dios; y llenos de temor, decían: Hoy hemos visto maravillas.   Lucas 5:26

¿Quién es éste, que también perdona pecados?   Lucas 7:49

SECRETOS DE UN SERVIDOR

Y atemorizados, se maravillaban, y se decían unos a otros: ¿Quién es éste, que aun a los vientos y a las aguas manda, y le obedecen?
Lucas 8:25

Jesús también formuló grandes atribuciones. Dijo:

Yo soy la puerta de las ovejas. Juan 10:7

Yo soy el pan de vida. Juan 6:35

Yo soy la luz del mundo. Juan 8:12

Yo soy el camino, y la verdad, y la vida.
Juan 14:6

Yo soy la resurrección y la vida.
Juan 11:25

También lo siguieron grandes multitudes. Algunas veces se vio forzado a alimentar miles de personas a través de milagros porque lo habían seguido hasta lugares inhóspitos donde no había nada que comer.

Cuando se esparció la noticia del poder de sanación de Jesús, la gente de todas las ciudades circundantes les traían a sus enfermos y los

UNA VOCACIÓN RECONOCIDA

situaban a sus pies. Les expulsaba los espíritus malignos y *"sanó a todos los enfermos"* (Mateo 8:16). Muchos iban en busca de poder tocar el borde de su manto. Aun así los milagros sucedieron: *"y todos los que lo tocaron, quedaron sanos"* (Mateo 14:36).

Jesús también llamó a los hombres a dejar sus hogares y actividades comerciales y seguirlo:

> *Venid en pos de mí, y os haré pescadores de hombres.* Mateo 4:19

> *Sígueme: deja que los muertos entierren a sus muertos.* Mateo 8:22

> *Vende lo que tienes, y dalo a los pobres, ... y ven y sígueme.* Mateo 19:21

Miles lo siguieron. Pero no todos estaban convencidos que era lo que Él decía ser. Algunos de ellos lo odiaban y buscaban la forma de hacerle daño. Un día, cuando Jesús estaba con algunos de sus discípulos en el Jardín de Getsemaní, al pie del Monte de los Olivos, se acercó un grupo de hombres y lo apresaron. Falsamente lo acusaron. Lo hallaron culpable de los cargos falsos que le habían hecho. Y luego lo crucificaron. Su sangre se consumó y *"expiró"* (Marcos 15:37). Luego fue descendido de la cruz y puesto en una cripta cercana y prestada perteneciente a José de Arimatea.

Jesús de Nazaret había muerto, tal como los falsos Cristos anteriores a Él, y todos los que lo habían seguido fueron dispersos. ¿Pasaría a la historia como otro impostor?

Fue un día sombrío para los seguidores de Jesús. Para ellos, su líder yacía pudriéndose en la tumba de José. Le habían creído. Habían dejado sus hogares, sus familias y sus quehaceres. Habían abandonado todo para seguirlo. Les había prometido que nunca morirían, y ahora Él estaba muerto. ¡Qué suceso tan terrible! ¡Qué difícil comprender y explicar!

Estos discípulos habían salido a predicar en nombre de Jesús. Incluso se les había otorgado el poder de sanar a los enfermos y expulsar a los demonios. Ahora ya no había mensajes que desplegar. Ya no tenían nada que testificar. ¡Jesús estaba muerto! No había ningún nombre con el cual imponer las manos sobre los enfermos. No había ningún nombre con el cual expulsar los demonios. Estos hombres quedaron desesperanzados e impotentes, victimas aparentes de un engaño. Solamente podemos imaginar cómo se sentían en aquellos momentos.

Sin embargo, tres días más tarde, algo extraordinario sucedió. Cuando comenzaba a despuntar

UNA VOCACIÓN RECONOCIDA

el día, la Luz del Mundo estaba a punto de surgir sobre la humanidad. La tierra alrededor de Jerusalén comenzó a temblar violentamente. Un ángel de Dios descendió de los cielos e hizo rodar la piedra que yacía a la entrada del sepulcro (ver Mateo 28:2). Pero Jesús de Nazaret, quien había manifestado que Él era el Cristo de Dios, el Mesías, el Salvador del mundo, el Redentor, no estaba ahí. Ya había salido de la tumba. Estaba vivo, y viviría eternamente.

¡Qué noticia tan maravillosa recibieron los discípulos! ¡Jesús estaba vivo! Había cumplido con sus declaraciones. Había probado ser el verdadero Cristo.

Hasta este instante, el trabajo de Jesús en la tierra estaba consumado. Había dado su vida. El cordero fue degollado. La sangre fue derramada. El sacrificio fue dado. Había sido herido, lacerado, azotado y castigado según la predicción de Isaías el profeta (ver Isaías 53:5). Había conquistado al pecado, la muerte y el infierno. Expresó:

Consumado es.   Juan 19:30

Padre, ... he acabado la obra que me diste que hiciese.   Juan 17:1-4

La única cosa que le quedaba por hacer a Jesús

ahora era ascender al cielo y enviar el Espíritu sobre sus seguidores para permitirles ser las luces del mundo en su representación. Y aun, su trabajo *no* estaba terminado, porque permaneció en la tierra por otros cuarenta días. Durante ese tiempo estuvo muy activo.

Ese mismo día Jesús se mostró ante María Magdalena y le instruyó que dijese a los otros discípulos que ella lo había visto. Cuando oyeron la noticia, Pedro y Juan corrieron hacia la tumba para constatar si era verdad. Obviamente, el cuerpo de Jesús ya no estaba. Sin embargo, esto en sí mismo, de ningún modo constituía un mensaje en especial. ¿Dónde estaba Jesús? ¿Podían probar que Él se había levantado de entre los muertos? Esto no sería fácil, dado que algunos líderes judíos rápidamente habían esparcido el rumor de que los discípulos habían robado su cuerpo. Su mensaje no debió haber sido simple, "La tumba está vacía." Tenía que ser más concreto que eso.

Esa tarde juntaron a los otros discípulos en una habitación superior. Cerraron la puerta por temor a los judíos que los buscaban para causarles daño. De pronto Jesús surgió en medio de la habitación a través de las puertas cerradas. Les indicó sus manos heridas, su frente, sus pies y su costado. Les habló y los invitó a tocarlo.

Lucas, el escritor de Los Hechos de los Após-

UNA VOCACIÓN RECONOCIDA

toles, declaró en el primer capitulo que Jesús se presentó de esta manera y mostró a los discípulos *"con muchas pruebas indubitables"* como evidencia de que Él estaba realmente vivo (Hechos 1:3). Los discípulos necesitaban esta garantía. Tomás no era el único dubitativo entre ellos. Cuando María Magdalena corría a contar al grupo que había visto a Jesús, se halló con que ellos *"estaban tristes y llorando"* (Marcos 16:10). Cuando ella comunicó la gloriosa confidencia, sencillamente "no lo creyeron" (Marcos 16:11). Por consiguiente, Jesús se apareció con el propósito específico de descartar todo rasgo de cuestionamiento, duda, temor y ansiedad de las mentes de sus seguidores. El mensaje para ellos sería: "¡Hemos visto al Señor resucitado! ¡Hemos oído la voz del Señor resucitado! ¡Sabemos que Jesús está vivo!" Eso era poderoso.

Jesús estaba interesado en hacer tal aparición ante más de sólo estos diez hombres. Se presentó nuevamente ocho días más tarde cuando Tomás estaba con ellos. Esta vez, Jesús le habló directamente a Tomás. Lo invitó a poner directamente su dedo en la perforación del clavo en su mano. Le dijo a Tomás que pusiera su mano en la herida en su costado. Como resultado, Tomás exclamó: *"¡Señor mío, y Dios mío!"* (Juan 20:28).

Ese era exactamente el resultado que Jesús deseaba. La historia nos cuenta que Tomás se dirigió a las riberas del sur de la India para predicar el evangelio. Si hubiese ido allí y dicho: "Pedro dijo que la tumba está vacía," la gente india pudiese haber reído y dicho: "¿quién es este tipo, Pedro? ¿Dónde vive? Si Tomás hubiese proclamado: "Diez discípulos vieron al Señor resucitado," la respuesta hubiese sido la misma. Nadie hubiese creído tal mensaje, porque no tenía poder en sí. Tomás debió poder decir: "¡Yo sé que Jesús está vivo! ¡He visto al Señor resucitado! ¡Lo toqué! ¡Oí su voz!" Con este mensaje Tomás estremeció el sur de India en su día y provocó un impacto que perdura hasta el presente.

Jesús hizo muchas otras cosas para probar a sus discípulos que Él estaba realmente vivo:

Hizo además Jesús muchas otras señales en presencia de sus discípulos, las cuales no están escritas en este libro. Juan 20:30

Este mensaje de la resurrección aparentemente se tornó en una valoración para el apostolado. Al elegir un duodécimo apóstol para ocupar el lugar de Judas, los discípulos decidieron:

Es necesario, pues, que de estos hombres que han estado juntos con nosotros todo el tiempo que el Señor Jesús entraba y salía entre

UNA VOCACIÓN RECONOCIDA

nosotros, comenzando desde el bautismo de Juan hasta el día en que de entre nosotros fue recibido arriba, uno sea hecho testigo con nosotros, de su resurrección.

Hechos 1:21-22

Ahora, relatemos todo esto a Pablo. Dado que los apóstoles eran hombres que habían visto al Señor resucitado, ¿cómo podía Pablo decir que él, de igual forma, era un apóstol? Cuando Jesús se estuvo apareciendo a estos discípulos durante cuarenta días de su continua permanencia en la tierra ulteriormente a su resurrección, Pablo aun era un judío apasionado. Su conversión llegaría dos años más tarde. No podía haber visto al Señor del mismo modo que lo hicieron estos hombres y mujeres. Estas son las razones por las cuales algunos eruditos proponen negar el apostolado de Pablo. Este, sin embargo, hizo bien su tarea. En su primera carta a los Corintios, hizo notar a sus hermanos en esa ciudad que Cristo había muerto por los pecados de los hombres, que El estaba enterrado y que resucitó al tercer día (ver 1 Corintios 15:3-4). Luego, señaló, Jesús fue visto por Cefas (otro nombre de Pedro) (ver 1 Corintios 15:5). Evidentemente, antes que Jesús apareciera esa primera noche en la habitación superior, se había aparecido privadamente a Simón Pedro (ver Lucas 24:34).

SECRETOS DE UN SERVIDOR

Luego, Pablo dijo que Jesús fue visto por *"los doce"* (1 Corintios 15:5). Sabemos que había solamente diez presentes en ese momento y que Judas había traicionado al Señor y luego se ahorcó. Este término, *"los doce,"* era usado corrientemente para enunciar al grupo original de los discípulos del Señor (ver Mateo 26:20 y 47, Marcos 14:10 y 17, Lucas 22:47 y Juan 6:71 y 20:24). Ahora, ellos habían visto a Jesús.

Pero eso no es todo. Pablo continuó:

Después apareció a más de quinientos hermanos a la vez.   1 Corintios 15:6

Durante aquellos cuarenta días, Jesús se presentó muchas veces y en muchos lugares que no nos indican los evangelios ni el libro de Hechos. En algún momento y en alguna parte, hubo más de quinientas personas reunidas en el nombre del Señor, y se les manifestó. También les mostró pruebas consistentes e indiscutibles de que Él estaba vivo.

Pero no termina ahí:

Después apareció a Jacobo.
                                  1 Corintios 15:7

Jacobo, el hijo de Zebedeo y hermano de Juan y

UNA VOCACIÓN RECONOCIDA

Santiago el hijo de Alfeo (ambos llamados *James* en el ingles) eran parte de los doce. Esta referencia, por lo tanto, es a Santiago, el hermano de Jesús. Nuestro Señor hizo una aparición especial a su propio hermano.

Pablo continuó:

Después a todos los apóstoles.

1 Corintios 15:7

Ya había nombrado más de quinientas personas que habían visto al Señor después de su resurrección, pero había más. En vez de nombrarlos a todos, sencillamente los incluyó bajo este encabezamiento *"todos los apóstoles."* Jesús estuvo ocupado durante aquellos cuarenta días después de su resurrección. Estaba demostrándose frente a mucha gente para que se pudiesen erguir en los días venideros. Podrían erguirse si sabían que su Señor estaba vivo. (No todos quienes vieron a Jesús llegaron a ser apóstoles activos. Más de quinientos fueron calificados para el apostolado, pero solamente ciento veinte entraron a la habitación superior.)

Sin embargo Pablo aun no terminaba. Aun tenía que apoyar sus propios llamados al apostolado. Eso llegó luego:

SECRETOS DE UN SERVIDOR

Y al último de todos, como a un abortivo, me apareció a mí. 1 Corintios 15:8

Así que Pablo realmente vio al Señor. Jesús le hizo una aparición especial y le probó que Él estaba vivo. El Señor hizo esta aparición en una visión en el camino a Damasco dos años después que se hubo regresado al cielo. Cuando sucedió, Pablo fue sorprendido por una intensa luz. La presencia del Señor fue tan grande que fue empujado al suelo. Y oyó la voz del Señor hablarle. Su vida nunca fue la misma después de ese día, porque él, de igual forma, había visto al Señor resucitado. Era un apóstol, y sin duda tenía un mensaje especial.

El Señor no estaba obligado a manifestarse ante Pablo. Pablo podría haber predicado: "Pedro vio la tumba vacía," o "Más de quinientos hermanos vieron al Cristo resucitado," pero eso no era suficiente. Tal mensaje nunca podría haber agitado el mundo cristiano. Pablo necesitaba su propio mensaje. Debió haber dicho: "¡Yo lo he visto!, ¡Lo he tocado! ¡Oí su voz!"

Así como Pablo, cada uno de nosotros necesita su propio mensaje. Debemos tener nuestras propias experiencias con el Señor. Cuando decís a la gente de países no cristianos que la Biblia señala que Jesús está vivo, responden que nunca han oído acerca de la Biblia, ni de Jesús, ni de ti. Debes

UNA VOCACIÓN RECONOCIDA

tener un mensaje personal. Ellos no saben de Pedro ni de Pablo. Asimismo podrías estar hablando de los cuentos de hadas con aquellos que están totalmente ajenos a la Biblia.

Pablo tenía su propio mensaje. Era un apóstol. Había tenido contacto con el Señor resucitado. Tal vez unos pocos doctos dispersos del siglo veintiuno puedan dudarlo, pero aquellos a quienes ministró nunca lo hicieron. Cuando tenemos un encuentro genuino con el Cristo viviente, la gente lo sabrá.

Demasiadas personas se están atribuyendo títulos hoy en día. Tenemos demasiados apóstoles y profetas auto proclamados. Lo que necesitamos son más hombres y mujeres que hayan visto y sido tocados por el Señor y para quienes Él se ha vuelto una realidad dinámica. Son hombres y mujeres como esos los que agitarán al mundo en nuestros días.

Capítulo 4

Una revelación divina

Porque yo soy el más pequeño de los apóstoles, que no soy digno de ser llamado apóstol, porque perseguí a la iglesia de Dios. Pero por la gracia de Dios soy lo que soy; y su gracia no ha sido en vano para conmigo, antes he trabajado más que todos ellos; pero no yo, sino la gracia de Dios conmigo.

1 Corintios 15:9-10

Habiendo establecido sus credenciales, Pablo continuó hablando de su apostolado. En su segunda carta a los Corintios reiteró la misma temática:

UNA REVELACIÓN DIVINA

Porque en nada he sido menos que aquellos grandes apóstoles, aunque nada soy.

2 Corintios 12:11

¿Estaba Pablo haciendo una petición absurda hacia la excelencia? Aunque era *"como a un abortivo,"* era *"el más pequeño de los apóstoles,"* aun se atribuía ser dispuesto más que los otros. ¿Quiénes son estos otros y particularmente los *"todos ellos"* del versículo 10?

Anteriormente en 1 Corintios 15, Pablo había nombrado a Cefas (Pedro), los doce, más de quinientos hermanos, Santiago (el hermano del Señor) y otros. Luego dijo: *"he trabajado más que todos ellos."* Por consiguiente, está diciendo que cumplió más que Simón Pedro, más que Santiago y Juan, más que Tomás y más que Bernabé. De hecho, está diciendo que cumplió más de cualquiera de ellos y más que *"todos"* ellos.

¿Porqué fue Pablo quien fundó las iglesias cristianas? ¿Porqué recayó sobre sus hombros *"la preocupación por todas las iglesias"* (2 Corintios 11:28)? ¿Por qué fue este hombre tan poderosamente usado por Dios?

Observemos más de cerca a Simón Pedro. Fue el primer discípulo que Jesús escogió, y desde ese día ocupó un lugar especial al lado del Señor. Jesús predicó desde el barco de Pedro y luego le dio a este discípulo una recolección maravillosa de peces para demostrarle su poder y autoridad (ver Lucas 5:3-6).

Jesús sanó a la suegra de Pedro (ver Mateo 8:14-15, Marcos 1:30-31 y Lucas 4:38-39). Incitó a Pedro a caminar sobre el agua junto a Él (ver Mateo 14:29). Cuando ascendió al monte para transfigurarse con Moisés y Elías, llevó a Pedro con Él (ver Mateo 17:1-2, Marcos 9:2 y Lucas 9:28-29).

Cuando Jesús preguntó, *"¿Quién decís que soy?* (Mateo 16:15), fue Pedro quien respondió, *"Tú eres el Cristo, el Hijo del Dios viviente"* (versículo 16). La respuesta de Jesús fue: *"Bienaventurado eres, Simón, hijo de Jonás* (versículo 17) y *"a ti daré las llaves del reino de los cielos"* (versículo 19).

Cuando Jesús necesitó dinero para pagar sus impuestos, envió a Pedro a pescar un pez. En su boca había una moneda de suficiente valor para pagar también los impuestos de Pedro (ver Mateo 17:27). Cuando Jesús revivió a la hija de Jairo de la muerte, Pedro estaba ahí en la habitación con Él (ver Marcos 5:37 y Lucas 8:51). Cuando Jesús se dirigió al Jardín de Getsemaní a orar, llevó a Pedro con Él (ver Mateo 26:37 y Marcos 14:33). a Pedro, Jesús le dijo: *"Satanás os ha pedido para zarandearos como a trigo; pero yo he rogado por ti, que tu fe no falte; y tú, una vez vuelto, confirma a tus hermanos"* (Lucas 22:31-32).

UNA REVELACIÓN DIVINA

Entre los discípulos, fue Pedro quien entró al sepulcro vacío después de la resurrección de Jesús (Lucas 24:12 y Juan 20:6). De acuerdo a los escritos de Pablo y Lucas, Jesús apareció ante Pedro en algún momento antes que a los otros discípulos esa primera noche en la habitación superior (Lucas 24:34 y 1 Corintios 15:5). Cuando Jesús apareció en las riberas de Genesaret e hizo una segunda captura milagrosa de peces, le dijo a Pedro luego: *"Apacienta mis corderos"* (Juan 21:15), y nuevamente, *"Pastorea mis corderos"* (versículo 16).

Pedro era el líder de los ciento veinte que se reunieron en la habitación superior (ver Hechos 1:15). Luego de que todos fueron llenos del Espíritu Santo, Pedro fue su vocero (ver Hechos 2:41). Ese día se salvaron tres mil almas a raíz de su mensaje (ver Hechos 2:41).

Fue Pedro quien pronunció las palabras de sanación a un cojo a la puerta del templo la Hermosa (ver Hechos 3:4-6). Cuando miles de personas se juntaron para ver el milagro, fue Pedro quien les predicó (versículo 12). Cuando los apóstoles se presentaron ante el príncipe de los sacerdotes para ser interrogados, fue Pedro quien habló en su representación (ver Hechos 4:8,13 y 19).

Fue Pedro quien detectó la mentira de Ananías y Safira (ver Hechos 5:3 y 9). Era l asombra de Pedro, que donde pasara, al tocar a los enfermos en

SECRETOS DE UN SERVIDOR

las calles los sanaba (ver Hechos 5:15). A raíz de un milagro hecho a través de Pedro en un hombre llamado Eneas, dos ciudades, Lydda y Sarona, creyeron (ver Hechos 9:32-35). Fue Pedro quien revivió nuevamente a Dorcas en Joppe (ver Hechos 9:36-40). Fue Pedro elegido primero para llevar el mensaje del evangelio a los gentiles (ver Hechos 10:5). Cuando Pedro fue encarcelado, un ángel del Señor apareció para liberarlo (ver Hechos 12:7-11). El Señor proveyó a Pedro con una preparación y enseñanza especiales, revelándole milagros exclusivos y asignándole tareas específicas.

Claro está que Pedro tenía muchas condiciones adicionales para ser un apóstol y ser usado por Dios que Pablo. Pedro había caminado, conversado, comido y dormido junto a Jesús por más de tres años, y Pablo era un recién llegado al evangelio. Aunque Pablo fue educado en Jerusalén a los pies de Gamaliel, evidentemente nunca había visto físicamente a Jesús. El no era uno de los doce, tampoco uno de los setenta, ni uno de los ciento veinte. Ni siquiera era uno de los quinientos. No estaba presente cuando Jesús enseñaba y realizaba sus milagros.

Pablo no caminó sobre las aguas con Jesús. No ayudó a pasar los panes ni los peces. No estuvo en el Jardín de Getsemaní cuando Jesús se angustió

UNA REVELACIÓN DIVINA

en ese lugar. Mas, fue Pablo quien sobresalió en el ministerio cristiano.

Cuando pensamos acerca de porqué algunos resaltan más que otros, siempre hemos considerado razones tales como la educación cristiana, antecedentes y experiencia. Si juzgamos este caso considerando estos requisitos, entonces Pedro sobrepasó ampliamente a Pablo. Debió haber otras razones.

Para mí, en el caso de Pedro, una de las razones más importantes se revela en su experiencia en la azotea. Después de haber revivido a Dorcas en Joppe, permaneció en la ciudad por un tiempo en la casa de un hombre llamado Simón el Curtidor. Un día, mientras Pedro esperaba a sus anfitriones para preparar el alimento de mediodía, subió a la azotea a orar. Entonces, mientras oraba, entró en trance.

Pedro tuvo una visión. Vio en ella algo que semejaba un lienzo atado en sus cuatro costados y formando algo semejante a un canasto. En éste vio lo que describe *"todos los cuadrúpedos terrestres y reptiles y aves del cielo"* (Hechos 10:12). Luego Pedro escuchó una voz que decía: *"Levántate Pedro, mata y come"* (versículo 13). Reconoció la voz del Señor. La orden era suficientemente clara. Mas, por alguna razón, Pedro respondió negativamente.

Esto resulta importante. Pedro oyó la voz y supo de quien era, pero respondió: *"Señor, no; porque ninguna cosa común o inmunda he comido jamás"* (versículo 14).

La voz se pronunció nuevamente: *"Lo que Dios limpió, no lo llames tú común"* (versículo 15). Y luego la visión se esfumó.

Si embargo, Dios no había terminado con Pedro. La visión apareció una segunda vez. Nuevamente Pedro vio el canasto lleno de animales. De nuevo la voz resonó fuerte y clara. El mensaje fue el mismo: *"Levántate Pedro, mata y come."* Y nuevamente Pedro se negó.

Entonces, por tercera vez vio el lienzo, y se oyó la voz. ¿Qué estaba tratando de decir Dios a Pedro con todo esto? Era el momento para llevar el evangelio a los gentiles, y el Señor había escogido a Pedro para llevar ese mensaje. Él lo había preparado especialmente para esta hora. Sus palabras y acciones a través de los años habían estado preparando la tarea a realizar. Sin embargo, Pedro estaba reacio. Una y otra vez el Señor lo impulsaba por medio del Espíritu Santo a obedecer, pero Pedro parecía no comprender. Algo le impedía responder en voz alta e inconfundible: "¡Sí, Señor!"

Pedro no sólo era una persona rebelde. Sino que su origen le impedía comprender la revelación que Dios trataba de darle en este momento. Para Pedro, lo que Dios estaba intentando iba contra la ley sagrada y esto no tenía sentido para él. Iba en

UNA REVELACIÓN DIVINA

contra de lo que le habían enseñado desde que era un niño. Iba en contra del pensamiento de su tiempo. Por consiguiente, por tercera vez, había respondido negativamente.

Pero Dios aun no había concluido con él. Nuevamente le habló, esta vez de modo diferente. Pedro había salido de su trance y se preguntaba qué podría significar esta visión, entonces oyó nuevamente la voz del Señor: *"He aquí, tres hombres te buscan. Levántate, pues, y desciende y no dudes de ir con ellos, porque yo los he enviado"* (Hechos 10:19-20).

Pedro se levantó y bajó para ver si en realidad alguien estaba ante la puerta, y asegurándose, vio que sí estaban algunos hombres esperándolo. Un ángel los había guiado directamente a la casa donde él permanecía. Esto era muy inusitado.

Pedro les hizo algunas preguntas para saber hacia dónde lo llevarían y qué esperaban de él. Le respondieron que Cornelio, un centurión apostado en Cesarea, había sido guiado por ángel para dirigirse hacia él y oír el mensaje que traería. Cuando Pedro supo que deseaban que fuese a la casa de un gentil, se preocupó. El Señor había dicho, *"No dudes de ir con ellos,"* pero Pedro estaba indeciso a obedecer. En cambio, invitó a los hombres a pasar la noche allí.

Prácticamente esto no era necesario dado que

era mediodía. Pero los viajes se efectuaban usualmente temprano en la mañana. Así que, sin duda, Pedro pensó que cancelarlo se justificaba. No estaba totalmente seguro si deseaba o no ir con estos hombres.

No resulta difícil comprender el dilema de Pedro. Si iba a la casa de gentiles, sabía que estaría en problemas con algunos de sus compañeros creyentes. No comprenderían, al igual que él tampoco concebía el plan del Señor. Cornelio era italiano, definitivamente un gentil, y los gentiles se consideraban impuros. Incluso se les comparaban con los perros. Asimismo, para Pedro era considerado ir contra la ley el hecho de hallarse ante la presencia de un gentil. Debía tener tiempo para pensar sobre esto, orar y decidir.

Dudo que Pedro hubiese podido dormir esa noche. Lo puedo imaginar dándose vueltas y luchando con sus pensamientos. Tal vez recordó sus primeras experiencias con Jesús. Cierta vez, había estado pescando toda la noche y no había capturado nada. Al día siguiente, Jesús, debido a que la multitud lo estaba presionando hacia el mar, le pidió autorización para enseñar desde su barco (ver Lucas 5:1-3). Después de enseñar a la gente, Jesús se había vuelto a Pedro y dijo: *"Boga mar adentro, y echad vuestras redes para pescar"* (Lucas 5:4). Pedro pensaba que esto era un tanto extraño,

UNA REVELACIÓN DIVINA

puesto que todo su arduo trabajo había sido improductivo. El era un buen pescador, usaba un buen equipo, y pescaba en los mejores lugares. No obstante, ¿cómo podría decir no a este gran maestro? Así que, sin mayor cortesía, obedeció. Tal vez, en esta ocasión también había acatado sin ningún entusiasmo. Jesús había dicho: *"echad vuestras redes para pescar,"* pero Pedro había echado sólo una de sus redes (ver versículo 5). ¡Pero nunca olvidaría los resultados! La red que echó estaba tan llena de peces que se rompió y necesitó dos barcos para llevar toda la pesca. Incluso los dos barcos estaban peligrosamente sobrecargados (ver versículos Lucas 5:6-7).

Posiblemente, Pedro también pensaba esa noche cuando había abandonado a Jesús, incluso después que había resucitado de entre los muertos. Había ido a pescar con seis de los discípulos (ver Juan 21:2-3). Otra vez pescaron toda la noche, empleando los mejores métodos, usando el mejor equipo y pescando en los mejores lugares, pero no pescaron nada (ver versículo 3). A la mañana siguiente, Jesús se había aparecido en la ribera y los llamó (ver versículo 4). Cuando Él supo que no tenían nada que comer, dijo: *"Echad la red a la derecha de la barca, y hallaréis"* (John 21:6).

Pedro no se había percatado inmediatamente que era Jesús. ¿Quién era esta persona que tra-

SECRETOS DE UN SERVIDOR

taba de decirles cómo pescar? Quienquiera que fuese, tenía descaro. Pedro era el gran pescador de Galilea. Probablemente estaba irritado, e indudablemente, a pesar de no estar totalmente de acuerdo, Pedro echó la red. Pero, nuevamente, ¿cómo podía olvidar los resultados? Tuvo que llamarlos a todos para que lo ayuden, e incluso así, no pudieron levantar la red dada la cantidad de peces que habían atrapado. Pedro se había sentido avergonzado de sus dudas (ver versículo 7).

Ahora, en Joppe, el Señor nuevamente le pedía a Pedro hacer algo que estaba en contra de su convicción. ¿Qué pasaría si obedeciera? ¿Y qué pasaría si no obedeciera? ¿Habría otra pesca milagrosa de peces?

Finalmente, Pedro decidió obedecer al Señor y enfrentar a aquellos que seguramente no comprendían porqué lo había hecho. Cuando llegó la mañana, estaba listo para ir con los hombres que habían sido enviados para llevarlo a Cesarea. Sin embargo, para mayor seguridad, pidió a otros seis judíos de Joppe que lo acompañasen como testigos (ver Hechos 10:23, 45 y 11:12).

Cuando finalmente llegaron a la casa de Cornelio en Cesarea, se juntó una multitud. Cornelio, su familia y sus amigos estaban esperando (ver Hechos 10:24). Cornelio explicó cómo había sido

UNA REVELACIÓN DIVINA

guiado por un ángel para llamar a Pedro (ver Hechos 10:30-33).

Luego de terminadas las presentaciones, Pedro comenzó a predicar (ver versículo 34). El mensaje que trajo ese día fue uno que nunca había predicado antes. Incluso antes de terminar el mensaje, el Espíritu Santo descendió sobre toda la gente que se había congregado en casa de Cornelio (ver versículo 44).

Esto fue muy inusual. Antes de este momento, el Espíritu Santo se había presentado solamente a los judíos y solamente a través de la imposición de manos. Estos no eran judíos, y nadie les había impuesto las manos sobre ellos. Dios le había dado a Pedro un nuevo mensaje, y ahora estaba haciendo algo nuevo a través de él. Era para este día que el Señor lo había preparado.

¿Aprendió bien su lección Pedro? Dijo que el Señor le había señalado *"que a ningún hombre llame común o inmundo"* (Hechos 10:28), *"que Dios no hace acepción de personas"* (versículo 34), que *"en toda nación se agrada del que le teme y hace justicia"* (versículo 35), y que *"este es Señor de todos"* (versículo 36). Manteniéndose fiel a esta revelación, Pedro continuó ministrando a los gentiles, hasta ...

Algunos años más tarde, Pedro estaba nuevamente ministrando a los gentiles. Cuando supo que algunos discípulos de Santiago irían a ese lugar, decidió separarse de los gentiles, temiendo la reacción de los compañeros trabajadores del hermano del Señor (ver Gálatas 2:12). Pablo escribiría más tarde: *"Pero cuando Pedro vino a Antioquía, le resistí cara a cara, porque era de condenar"* (versículo 11).

Esto es asombroso. Pablo, que era *"el más pequeño de los apóstoles,"* y que *"no era digno de ser llamado apóstol,"* se sintió obligado a confrontar al apóstol Pedro porque consideraba que había cometido una una seria infracción conductual. Solamente una revelación divina podría dar a un hombre el coraje y la determinación para hacer una cosa como esa, y pienso que esta es la razón por la cual Pablo era tan utilizado por Dios.

Otro hombre que tenía grandes oportunidades para ser utilizado por el Señor fue José, un levita de Cipro. Los discípulos lo llamaban *"Bernabé"* (Hechos 4:36). Si Bernabé era uno de los quinientos o uno de los ciento veinte no podemos asegurarlo. Podemos decir que oímos acerca de Bernabé mucho antes que de Pablo.

Bernabé estaba entre los primeros discípulos que vendieron su tierra y donaron el dinero derivado de la venta para la propagación de su nueva fe (ver Hechos 4:37). El había estado en el reino cristiano más tiempo que Pablo, y por consiguiente, tenía un mejor antecedente, mejor

UNA REVELACIÓN DIVINA

entendimiento de las enseñanzas cristianas y más experiencia que él.

Al comienzo, Pablo no había sido bien recibido por los líderes de la iglesia. Cuando se vio forzado a abandonar Damasco, trató de juntarse con los apóstoles en Jerusalén, pero ellos se mostraron indecisos en recibirlo dada su pasada participación en la persecución. Bernabé demostró una gran sabiduría en esta ocasión:

> *Entonces Bernabé, tomándole, lo trajo a los apóstoles, y les contó cómo Saulo había visto en el camino al Señor, el cual le había hablado, y cómo en Damasco había hablado valerosamente en el nombre de Jesús.*
>
> Hechos 9:27

Puesto que los líderes de la iglesia respetaban la opinión de Bernabé, éstos recibieron a Pablo, sobre la base de la recomendación.

Más tarde, el liderazgo de la Iglesia eligió a Bernabé como el mejor hombre para solucionar la difícil situación que había surgido en Antioquía. El, en cambio, trajo a Pablo a la escena. Los esfuerzos unidos de estos dos hombres produjeron en Antioquía una congregación dinámica en la cual los creyentes eran tan semejantes a Cristo que fueron denominados *"cristianos"* por primera vez (Hechos 11:26).

SECRETOS DE UN SERVIDOR

La congregación de Antioquía fue bendecida por profetas y maestros. Un día, mientras este grupo de creyentes juiciosos estaba orando, el Espíritu les habló:

Apartadme a Bernabé y a Saulo para la obra a que los he llamado. Hechos 13:2

Estos dos hombres fueron designados por el ministerio misionero exactamente al mismo tiempo. Luego, habiendo ayunado y orado, los líderes de la iglesia les impusieron las manos a ambos y los despidieron. Aparentemente, estaban en la misma posición.

Desde un comienzo, sin embargo, se considera que Pablo se destacó como líder de este ministerio misionero. Desde ese punto, hallamos registrados solamente los mensajes y milagros de Pablo. Bernabé se menciona solo ocasionalmente en los relatos bíblicos.

Fue Pablo quien reprendió a Elimas, el encantador, a quien cayó la maldición de ceguera, originando que el procónsul, Sergius Paulus, creyese (ver Hechos 13:6-12). Fue Pablo quien predicó en Antioquía, en Pisidia, captando muchos gentiles a la fe (ver Hechos 13:14-49). Fue Pablo quien pronunció las palabras de sanación al inválido de Listra (ver Hechos 14:8-10). Se produjo una reacción interesante en la gente de ese lugar:

UNA REVELACIÓN DIVINA

Entonces la gente, visto lo que Pablo había hecho, alzó la voz, diciendo en lengua licaónica: Dioses bajo la semejanza de hombres han descendido a nosotros. Hechos 14:11

La gente de Listra otorgó nombres de sus propios dioses a Pablo y Bernabé. Llamaron a Pablo *"Mercurio"* porque era el que llevaba la palabra (Hechos 14:12). Mercurio era el dios mensajero romano, conocido por los griegos como "Hermes." Y, ¿cómo llamaron a Bernabé?

Y a Bernabé llamaban Júpiter.
Hechos 14:12

Esto es sorprendente. Júpiter era el rey de todos los dioses, el dios jefe, el maestro de todos, el padre de todos los dioses. El pueblo de Listra vio algo poderoso en la apariencia personal y en el carácter fuerte de Bernabé, y por consiguiente lo denominó Júpiter, el dios conocido por los griegos como "Zeus." El sacerdote de Júpiter procedió a traer toros y guirnaldas para el sacrificio con el pueblo (ver versículo 13). ¡Bernabé era un hombre impresionante!

Los dos hombres terminaron su primer viaje misionero y se dirigieron "a casa" en Antioquía. Permanecieron allí por un tiempo, enseñando y

SECRETOS DE UN SERVIDOR

predicando la Palabra del Señor, pero finalmente el Espíritu le comunicó a Pablo que era tiempo de partir nuevamente.

Pablo le sugirió a Bernabé que visitaran las recién formadas iglesias para reforzar en la fe a los nuevos creyentes. Bernabé deseaba ir, pero quería llevar consigo a su primo, Juan Marcos. Pablo no estuvo de acuerdo con esto. Anteriormente habían llevado a Juan Marcos y él se había apartado de ellos en Pamphylia. Debido a esto, se desarrolló una fuerte contención entre los dos hombres:

> *Y hubo tal desacuerdo entre ellos, que se separaron el uno del otro; Bernabé, tomando a Marcos, navegó a Chipre.* Hechos 15:39

¿Era esto solamente una diferencia personal? ¿Era simplemente un choque de personalidades? ¿O era algo mucho más serio, un asunto de "correcto e incorrecto," por ejemplo? ¿Era la voluntad del Señor llevar a Marcos? ¿O no era su voluntad llevarlo?

¿Qué estaba sucediendo aquí? ¿Uno de los dos hombres tenía razón y el otro no? ¿Tenía uno de ellos el liderazgo del Espíritu y el otro su propio plan? ¿Estaba uno de ellos obedeciendo el plan de Dios y el otro rebelándose contra ese plan?

Bernabé, si estaba en lo correcto o no, llevó a Mar-

UNA REVELACIÓN DIVINA

cos, y salieron en su propia viaje misionero. Pablo, si estaba en lo cierto o no, escogió a Silas como su nuevo compañero, y ellos salieron en un viaje diferente.

Desde ese momento, nada más se ha escrito sobre Bernabé y Marcos en los registros bíblicos, pero capítulo tras capítulo se escribe sobre los hechos de Cristo a través de Pablo y sobre sus diversos compañeros a lo largo de los años. De hecho, todo el balance de trece capítulos de la historia escrita sobre la primera época de la iglesia está dedicado a la vida de Pablo.

Juan Marcos era un buen muchacho con posibilidades que Bernabé reconocía y deseaba fomentar. En efecto, Juan Marcos más tarde sería utilizado por el Señor para escribir el libro conocido come el Evangelio Según San Marcos. En ese momento, sin embargo, aun era inestable según Pablo. Las intenciones de Bernabé de otorgar al muchacho otra oportunidad eran muy nobles. ¡Qué vergüenza que el asunto haya tenido que dividir a tales compañeros de ministerio tan poderosos!

Pero hay más. Bernabé también estaba involucrado en el asunto de los gentiles. A continuación de los versículos referentes a la separación de Pedro de los gentiles, leemos:

> *Y en su simulación participaban también los otros judíos, de tal manera que aun*

SECRETOS DE UN SERVIDOR

Bernabé fue también arrastrado por la hipocresía de ellos. Gálatas 2:13

Aparentemente se presionó mucho para apartar a Bernabé, pero eventualmente fue vencido, a pesar de su desconsuelo.

La Biblia tiene muchas cosas buenas que decir sobre Bernabé, especialmente que *"era varón bueno, y lleno de Espíritu Santo y de fe"* (Hechos 11:24). Tal vez, si hubiese permanecido con Pablo, podría haber continuado manteniendo una buena posición contra los judíos legalistas en asuntos referentes a la ley. Se necesita la revelación divina para enfrentar a la mayoría. Creo que esta es la razón por la cual Pablo podía decir que él había *"trabajado más que todos ellos."*

Había otros discípulos con potenciales asombrosos. A Juan, por ejemplo, se le llamó *"el discípulo a quien amaba Jesús,"* y *"el mismo que en la cena se había recostado al lado de él"* (Juan 21:20). El vio la maravillosa captura de peces (Lucas 5:7-10). Estaba allí para ver a Moisés y Elías en el Monte de la Transfiguración (Mateo 17:1-3) y ver la niña muerta volviendo a la vida nuevamente (Marcos 5:34-43). Estaba en el altillo y en el jardín de Getsemaní. Vio a Jesús calmar la tormenta (ver Lucas 8:22-25) y escuchó el Sermón en el Monte (Mateo 5:1-12). Escribió el libro de Juan, las tres cartas a

UNA REVELACIÓN DIVINA

las iglesias que portan su nombre, y el libro del Apocalipsis.

Jacobo también estaba en el círculo íntimo (ver Mateo 17:1). Murió como mártir por Cristo (Hechos 12:2). ¿Y qué hay de Tomás? El Señor hizo una aparición especial para él en el altillo (Juan 20:24-29).

¿Y de Mateo? El escribió una biografía de Jesús. ¿Y de Andrés?, ¿Felipe?, ¿Bartolomeo?, ¿Santiago, el hijo de Alfeo?, ¿Tadeo?, ¿Simón el Cananita? ¿Por qué fue Pablo utilizado más profusamente que todos ellos? Muy poco más se menciona en la Biblia sobre cualquiera de ellos. ¿Por qué? ¿Es posible que algunos de ellos estuviesen entre los judíos que fueron dejados de lado con Pedro y Bernabé? No podemos estar seguros. No obstante, Pablo sí tuvo algo que decir al respecto.

Continuando con la narrativa del segundo capítulo de Gálatas, Pablo relata el resultado de unas discusiones que tuvo con los líderes de la iglesia en Jerusalén. Estaba preocupado por ciertos hermanos a quienes llegó a llamarlos *"falsos"* (versículo 4), y quienes habían llegado a Galacia para forzar la ley judía a actuar sobre los recién convertidos gentiles. Pablo sintió que la ley era un *"yugo de esclavitud"* (Gálatas 5:1). Determinada que esa verdad, no la tradición, prevalecería en los trabajos que él había establecido, decidió no darle a estos hombres la oportunidad de ministrar (ver Gálatas 2:5). Pablo

SECRETOS DE UN SERVIDOR

recapacitó en que esto podría malinterpretarse y que si él discrepaba abiertamente con Jerusalén, provocaría un daño irreparable a su ministerio. Escribió:

> *Pero subí según una revelación, y para no correr o haber corrido en vano, expuse en privado a los que tenían cierta reputación el evangelio que predico entre los gentiles.*
>
> Gálatas 2:2

Cualquiera las razones que tuvo Pablo para dirigirse a Jerusalén, esta reunión privada con los líderes de la iglesia resultaba de extrema importancia para el futuro desarrollo del evangelio. Sin embargo, el consejo resultó tenso, complicado por el hecho de que Pablo no había insistido que a Tito se le circuncidara (ver Gálatas 2:3).

Los pensamientos que tuvo Pablo sobre el resultado de este consejo fueron especialmente discordantes. Escribió:

> *Pero de los que tenían reputación de ser algo (lo que hayan sido en otro tiempo nada me importa; Dios no hace acepción de personas), a mí, pues, los de reputación nada nuevo me comunicaron. Antes por el contrario, ...*
>
> Gálatas 2:6-7

UNA REVELACIÓN DIVINA

Dos veces en una oración Pablo sostuvo que estos hombres solo parecían *"ser algo."* Mas él argumenta: *"Nada nuevo me comunicaron. Antes por el contrario..."* Quiso decir que la verdad era exactamente lo contrario. En vez de que los hombres tuvieran algo que enseñarle, él tenía algo que compartir con ellos.

Sé que esto parece no tener sentido, y todos pensamos cómo esto podría ser posible. Lo que sé es que algunos hombres sabían lo que habían visto y oído, mientras que otros (Pablo entre ellos) habían recibido *"la revelación de Jesucristo."*

¿Quiénes eran estos hombres a los cuales Pablo hace referencia aquí? Nombró a tres de ellos en el versículo 9, y no eran otros que Jacobo, Cefas (Pedro) y Juan. Este Jacobo no pudo haber sido el discípulo original llamado Santiago porque ya había sido decapitado por Herodes. Los otros dos, no obstante, eran parte de lo que comúnmente conocemos como "el círculo íntimo" de discípulos. Estos estuvieron en el altillo el día de Pentecostés y habían escuchado el rugido del intenso viento. Las lenguas de fuego que aparecieron ese día y que se posaron sobre sus cabezas, y estaban llenas del Espíritu Santo. También pronunciaron lenguas extrañas a medida que el Espíritu les daba la palabra. Incluso luchaban por dejar de lado la tradición, las enseñanzas, los rituales y los patrones y dejarse guiar por el Espíritu Santo.

Esto no tendría que sorprendernos. Siempre estamos tratando de mover montañas con fuerza y poder, cuando Dios dijo que solamente podría hacerse a través de su Espíritu. Tratamos de conquistar Jericó con lanzas y espadas, pero las paredes de esa ciudad jamás caerán por ese medio. Intentamos construir un puente a través del Mar Rojo, pero el enemigo nos rebasa mientras estamos en el proceso. Pretendemos juntar provisiones para una semana, y luego nos sorprendemos al ver que todo se estropea antes de que llegue el siguiente día.

En esta ocasión mencionada por Pablo en Antioquía, cuando Pedro, Bernabé y otros abandonaron el ministerio a los gentiles por temor a las críticas de los demás, nuevamente Pablo tenía cosas muy duras que decir sobre ellos:

Pero cuando vi que no andaban rectamente conforme a la verdad del evangelio, dije a Pedro delante de todos: ...   Gálatas 2:14

Pablo se sentía tan ofendido por la actitud de estos hermanos, considerando que era totalmente inconsistente con el mensaje de Cristo, que comenzó a predicarles. El resto de los versículos de

UNA REVELACIÓN DIVINA

este capítulo fueron dirigidos, no a los gentiles paganos, sino a los compañeros líderes de la iglesia.

¿Cuál era esta espantosa lucha que estaba invadiendo a la iglesia de la primera época? ¿Era un problema radical? ¿Era un asunto religioso?

Jesús era judío y les había enseñado a sus discípulos judíos la ley judía. Les había manifestado: *"Por camino de gentiles no vayáis, y en ciudad de samaritanos no entréis, sino id antes a las ovejas perdidas de la casa de Israel"* (Mateo 10:5-6). Habían visto a Jesús enseñar en las sinagogas judías (Mateo 4:23, 9:35, Marcos 1:39 y Lucas 4:15 y 44). Y lo habían oído llamar a los gentiles *"perrillos"* (Mateo 15:26 y Marcos 7:27).

Sin embargo, la conversión de los gentiles había sido profetizada a través de los siglos (ver, por ejemplo, Génesis 22:18, Salmo 22:27 y 86:9, Isaías 9:2, 49:6 y 60:3, Daniel 7:14 y Oseas 2:23). El mismo Jesús había ido a una zona de gentiles (ver Mateo 15:21) y había ministrado a una mujer gentil, enalteciéndola y diciendo: *"grande es tu fe"* (Mateo 15:22-28). Él había ofrecido dirigirse a la casa de un centurión para sanar a su sirviente (ver Mateo 8:7). Cuando aquel hombre reconoció la autoridad de Cristo para sanar hablando la palabra a distancia, Jesús le había comentado: *"ni aun en Israel he hallado tanta fe"* (Mateo 8:10).

Al dar a los discípulos el plan de evangelización

SECRETOS DE UN SERVIDOR

mundial, Jesús dejó en claro que los gentiles tendrían todos los beneficios del evangelio:

> *Id, y haced discípulos a todas las naciones.*
> Mateo 28:19

> *Id por todo el mundo y predicad el evangelio a toda criatura.*   Marcos 16:15

> *Y me seréis testigos en Jerusalén, en toda Judea, en Samaria, y hasta lo último de la tierra.*   Hechos 1:8

De todas formas, la transición de la ley a la gracia para estos discípulos era muy difícil, principalmente porque sus tradiciones judías habían estado profundamente enraizadas en ellos a través de los años de estudio y práctica religiosa. Así que pueden quedar exentos.

Pero, ¡esperen un minuto! ¿No era Pablo un judío también? Era un fariseo (ver Filipenses 3:5) e hijo de un fariseo (ver Hechos 23:6). También era *"de la tribu de Benjamín"* (Romanos 11:1). Pedro no era fariseo. Juan no era fariseo. Bernabé era un levita (ver Hechos 4:36), pero no fariseo. Pablo era un miembro del orden religioso más estricto (ver Hechos 26:5). En realidad, dijo, *"Y en el judaísmo aventajaba a muchos de mis contemporáneos en mi*

UNA REVELACIÓN DIVINA

nación, siendo mucho más celoso de las tradiciones de mis padres" (Gálatas 1:14).

Pablo estaba muy enraizado en el judaísmo e incluso más que el resto de ellos. Pedro había sido un pescador, mientras que Pablo se estaba formando como líder religioso. Pablo era *"mucho más celoso de las tradiciones."* Más aun, cuando conoció a Jesucristo, dejó de lado su tradición, su condición, sus enseñanzas y sus rituales, se arrodilló y comenzó a esperar ante Dios una revelación de verdad divina.

Este ejercicio de arrodillarse se tornó algo habitual en la vida de Pablo. Le daba poder para realizar milagros específicos. Le otorgaba sabiduría para revelar los misterios del evangelio. Le daba la autoridad para censurar a aquellos que se apartaban de la verdad. Le daba valentía para enfrentar la persecución. Le daba la gracia para batallar una buena lucha, finalizar la trayectoria y mantener la fe.

Muchas de las cartas de Pablo contienen censuras. Por ejemplo, dijo a los Corintios:

> *Porque he sido informado acerca de vosotros, hermanos míos, por los de Cloé, que hay entre vosotros contiendas.*   1 Corintios 1:11

> *He dicho antes, y ahora digo otra vez como si estuviera presente, y ahora ausente lo es-*

SECRETOS DE UN SERVIDOR

cribo a los que antes pecaron, y a todos los demás, que si voy otra vez, no seré indulgente. 2 Corintios 13:2

Pablo escribió a los Gálatas:

Estoy maravillado de que tan pronto os hayáis alejado del que os llamó por la gracia de Cristo, para seguir un evangelio diferente.
Gálatas 1:6

Pero, ¿A quién escribió Pablo cartas de censura? ¿Quién se le enfrentó cara a cara? ¿Quién sintió la necesidad de predicarle? ¿Quién dijo: "Pablo, estoy maravillado de que tan pronto os hayáis traspasado a la gracia de Cristo"? Estoy convencido que Pablo sobresalió porque vivió por revelación divina.

Pablo habló por revelación:

Porque yo recibí del Señor lo que también os he enseñado. 1 Corintios 11:23

Pablo anduvo por revelación:

Pero subí según una revelación, y para no correr o haber corrido en vano, expuse en

UNA REVELACIÓN DIVINA

privado a los que tenían cierta reputación el evangelio que predico entre los gentiles.

Gálatas 2:2

Si deseamos ser utilizados por el Señor, debemos esperar de rodillas y hasta recibir una revelación divina y luego sujetarnos a esa revelación, cualquiera que fuese el costo.

Capítulo 5

Un compromiso total

Porque yo le mostraré cuánto le es necesario padecer por mi nombre.   Hechos 9:16

Pero de ninguna cosa hago caso, ni estimo preciosa mi vida para mí mismo, con tal que acabe mi carrera con gozo, y el ministerio que recibí del Señor Jesús, para dar testimonio del evangelio de la gracia de Dios.

                                  Hechos 20:24

Muchas cosas se conjugan para forjar un gran hombre o mujer de Dios. No resulta siempre fácil señalar un rasgo único, una sola revelación o una

UN COMPROMISO TOTAL

sola experiencia y decir: "Esa es la clave para una vida cristiana exitosa." La certidumbre en la vida cristiana depende de una combinación de muchos rasgos importantes de carácter. La profundidad y magnitud de nuestro carácter cristiano, nuestras revelaciones de Dios y nuestras experiencias en el camino de la fe determinan fundamentalmente cuan efectivos podemos ser como personas y como ministros.

Por lo menos una experiencia en la vida de Pablo parece ser notable en la historia bíblica. Esta experiencia aparentemente le causó algo muy especial que le ayudó a lograr su posición reconocida como jefe de los apóstoles. Sucedió solamente unos pocos días después que se convirtió. Aun no había predicado ningún sermón. De hecho, ni siquiera había testificado. No había establecido ninguna iglesia. Aun no había recibido ningún conocimiento de los *"misterios del reino."* Estaba recién convertido, un nene en Cristo.

Mientras se dirigía a Damasco ese día para perseguir a los cristianos, se vio de pronto envuelto por una intensa luz, cayó a tierra empujado por una fuerza invisible, y el Señor le habló (ver Hechos 9:3-7). Luego fue conducido ciego a Damasco, y durante los tres días siguientes no comió ni bebió nada (versículos Hechos 9:8-9). El Señor le

SECRETOS DE UN SERVIDOR

había ordenado: *"Levántate y entra en la ciudad, y se te dirá lo que debes hacer"* (versículo 6).

Tres días después, mientras Pablo oraba, el Señor le habló a Ananías, un discípulo de esa ciudad (versículo 10). A través de una visión, se le ordenó dirigirse a la calle llamada Derecha, a casa de Judas, donde debía hallar a Pablo orando (ver versículo 11). Mientras tanto, Pablo también había recibido una visión en la cual vio a un hombre llamado Ananías entrando a la sala y posando sus manos en él. Mientras Ananías hacía esto, la vista de Pablo retornó (ver versículo 12).

Ananías no estaba muy deseoso en obedecer su visión celestial inmediatamente porque había oído hablar de Saúl de Tarso y su persecución de la Iglesia, y por consiguiente, le temía (ver versículos 13-14). El Señor calmó sus temores:

> *El Señor le dijo: Ve, porque instrumento escogido me es éste, para llevar mi nombre en presencia de los gentiles, y de reyes, y de los hijos de Israel; porque yo le mostraré cuánto le es necesario padecer por mi nombre.*
> Hechos 9:15-16

Hallo estas palabras: *"Porque yo le mostraré cuánto le es necesario padecer por mi nombre,"* asombrosas. Síganme por un momento mientras intento hacer

UN COMPROMISO TOTAL

una presentación equilibrada de esta materia tan importante y malentendida. Existen dos lados de esta moneda, como veremos a continuación.

¿Qué está sucediendo aquí? Antes que Pablo hiciera cualquiera acción para Cristo, debió habérsele presentado una revelación especial. Antes que intentara de cualquier modo exaltar el nombre de Jesús, el Señor debió hablarle. Antes que predicara un sermón, antes que orara por cualquier enfermo, antes que expulsara cualquier demonio, antes que ganara una sola alma, debía saber el precio que se le demandaba pagar.

Esta revelación que Pablo estaba por recibir no era una revelación de verdad doctrinal. No era una revelación de misterio. No era una revelación de poder. No era una revelación de victoria. No era una revelación de prosperidad. Era, ante todo, una revelación de sufrimiento. Dios dijo: *"Porque yo le mostraré cuánto le es necesario padecer por mi nombre."*

No sabemos exactamente cómo obtuvo Pablo esta revelación. La Biblia no lo dice. Tal vez la obtuvo por medio de una visión. Quizá tuvo un sueño espiritual. Acaso oyó la voz perceptible del Señor. O, a lo mejor, el Señor pronunció estas palabras de revelación a través de Ananías. Como haya llegado, sabemos que el Señor sí le comunicó este extraño mensaje, y a pesar que no sabemos

SECRETOS DE UN SERVIDOR

las palabras exactas de esta comisión, sí sabemos el contenido del mensaje. Podemos reconstruir aproximadamente el mensaje extraído de la información que hallamos registrada en los escritos de Lucas y del mismo Pablo. Sería algo así:

> Pablo, mi hijo, si eliges seguirme, sufrirás. Quiero que sepas eso. Serás partícipe de mis sufrimientos. Sufrirás conmigo.
>
> Has sido un judío ferviente. Prosperaste en la religión de los judíos, pero ahora los judíos te odiarán. Tu propio pueblo te rechazará. Te perseguirán e incluso tratarán de matarte. Cuando te encuentren orando en mi nombre, te azotarán con treinta y nueve latigazos, según el cumplimiento total de la ley. Esto no sucederá sólo una vez. Los judíos te azotarán de este modo cinco veces más.
>
> Si me sigues, hijo, te enviaré a predicar en Filipos. Expulsarás el demonio de una mujer poseída por un espíritu de adivinación. Debido a esto, sus maestros se enfadarán y te capturarán. Te llevarán ante el magistrado. Una gran muchedumbre protestará contra ti. El magistrado rasgará tus ropas en presencia de todo el pueblo. Mantendrán tu rostro sobre el

UN COMPROMISO TOTAL

suelo, y por orden del magistrado, te golpearán con una varilla. En tu vida, serás golpeado de esta manera por lo menos tres veces.

En Filipos te empujarán hasta la prisión interna y pondrán tus pies en cepos. Serás encarcelado muchas veces.

Te enviaré a predicar en Listra. Ciertos judíos saldrán de las ciudades de Antioquía y de Iconio y alborotarán al pueblo en tu contra. Te lapidarán hasta que crean que estás muerto. Luego te arrastrarán fuera de la ciudad y te abandonarán, sin embargo, tu sufrimiento no terminará ahí. Tendré más trabajo que hacer para ti.

Cuando regreses a Jerusalén, donde fuiste criado a los pies de Gamaliel, los judíos de Asia alborotarán al pueblo en contra tuya. Mientras unos te estén flagelando, otros estarán tramando tu muerte. Los soldados te salvarán de sus planes, pero te atarán con dos cadenas. Se verán forzados a empujarte para prevenir cualquier violencia de la multitud. Al día siguiente te presentarán ante el consejo. Cuando trates de defenderte, te abofetearán. Surgirá tal división entre el consejo que los soldados tendrán que rescatarte o la muchedumbre enardecida te separará.

Al día siguiente, más de cuarenta judíos se unirán para lanzar una maldición, determinando no comer ni beber hasta que te vean muerto.

El capitán en jefe se verá forzado a enviarte a Cesaréa ante Félix, el gobernador. Irán doscientos soldados, setenta jinetes y doscientos lanceros para protegerte de la muchedumbre enardecida. Incluso así, tendrás que viajar en la seguridad de la noche. Te mantendrán en la sala de juicio de Herodes hasta que lleguen declarantes a testificar contra tuya.

Cinco días más tarde, el sumo sacerdote Ananías vendrá con los superiores y un orador llamado Tértulo. Este te acusará de ser un tipo letal, un activista sedicioso entre todos los judíos a través del mundo, un cabecilla de la secta de los nazarenos y quien ha profanado el templo. Cuando haya terminado de hablar, todos los judíos presentes estarán de acuerdo que estas acusaciones son verdaderas, pero serán incapaces de probarlas. Sin embargo, Félix te mantendrá detenido para complacerlos.

Los judíos, pensando que volverás a Je-

UN COMPROMISO TOTAL

rusalén, esperarán para matarte. Cuando constaten que no llegas, vendrán a Cesaréa alrededor de diez días más tarde para aparecer como testigos contra ti ante Porcio Festo. Presentarán muchas quejas serias contra ti, pero nuevamente no podrán presentar pruebas.

Más tarde, te llevarán ante Agripa. A medida que presentas tu defensa, Festo te acusará de estar trastornado, pero Agripa no hallará nada contra ti.

Serás enviado a Roma para presentarte ante el mismo César Augusto. En el trayecto a Roma, tu barco se hundirá. Serás un náufrago por tres veces. En una de estas ocasiones, no habrá rescate, y pasarás día y noche en aguas profundas.

En Roma serás cautivo en tu propia casa por más de dos años. Podrás aceptar el resto, porque a partir de este día hasta el día que mueras, estarás viajando constantemente.

Con estos viajes vendrán peligros. Te esperan muchas eventualidades. En la eventualidad que estés en la ciudad o en el desierto, estés en tierra o en el mar, te esperan serios peligros. Te asaltarán

SECRETOS DE UN SERVIDOR

ladrones, y también te atacarán falsos hermanos.

Pablo, con los viajes y los peligros vendrá un agotamiento constante. Vendrán dolencias. Por momentos padecerás hambre, y habrá momentos que sufrirás de mucha sed. A menudo serás llamado a ayunar. Habrá momentos de frío extremo. Ocasionalmente no tendrás ropa suficiente.

Tus dificultades comenzarán muy pronto, porque el gobernador bajo Aretas, el rey Árabe, enviará un destacamento a la ciudad en un intento por capturarte. Tendrás que escapar, bajándote dentro de un canasto desde una ventana por la pared.

Pero, hijo mío, estos son sólo sufrimientos físicos. La cruz que llevarás será mucho más pesada. La noche que enfrentarás será mucho más oscura. La ruta por la cual caminarás será mucho más accidentada. Deberás doblar la espalda porque pondré en tus hombros el cuidado de todas las iglesias. Nunca podrás deshacerte de esta carga.

Eso, en esencia, fue la revelación que recibió Pablo: *"Porque yo le mostraré cuánto le es necesario*

UN COMPROMISO TOTAL

padecer por mi nombre." Para Pablo, quien tenía sólo tres días de edad en Cristo, esa fue la revelación: sufrimiento, penurias, esclavitud, persecución, una pesada cruz, una noche oscura, una ruta accidentada. Esa era la esencia del mensaje especial de Dios para Pablo: vergüenza, amonestación, ser arreado junto a prisioneros harapientos, ser despreciado, rechazado, malinterpretado, perder todo lo que los hombres aprecian.

Siempre existe un precio a pagar por la excelencia, sea en asuntos terrenales o espirituales. Podríamos decir enfáticamente que no muchos hombres han sido utilizados en la misma medida que Pablo, pero también tendríamos que decir que no muchos han deseado pagar el precio que él pagó. Dios colocó una etiqueta con el costo en el ministerio de Pablo, luego esperó a ver si estaba dispuesto a pagar el precio. Y sí lo aceptó.

Cuando yo aun era un ministro joven, dirigía una serie de reuniones en una iglesia en Pittsburgh, Pennsylvania. Cada noche mucha gente se presentaba y testificaba lo que el Señor había hecho por ellas. Usualmente, cada testimonio comenzaba del mismo modo: "Amo al Señor esta noche porque..." Luego de que esto continuara durante varias días, una noche el Señor nos habló a todos en profecía a través de una joven. Él dijo: "Vosotros decís que me amáis, pero ¿cuánto me amáis? Me amáis lo suficiente como para llevar mi mensaje a los perdidos y moribundos, las multitudes en el valle de la miseria?"

En ese momento, quedé perplejo ante la presencia de Dios, y no pude pronunciar palabra alguna por largo rato. Aquellas palabras resonaron una y otra vez en mi espíritu. "¿Cuánto amáis? ¿Cuánto me amáis?"

"¿Me amáis lo suficiente?, ¿Me amáis lo suficiente?, ¿Me amáis lo suficiente?"

El Señor estaba diciendo: "¿Deseáis pagar el precio?, ¿Deseáis pagar el precio?, ¿Deseáis pagar el precio?

Y esto es exactamente lo que el Señor le preguntaba a Pablo. "¿Cuánto me amas, Pablo?, ¿Me amas lo suficiente para pagar el precio?"

Si la revelación se manifestó en un sueño o en una visión, Pablo se había visto desnudo y tendido en la tierra mientras la encolerizada muchedumbre lo golpeaba con palos. Había visto derramar su sangre por lo menos nueve veces. Se había visto así mismo luchando por su vida en el agua. Incluso es posible que haya visualizado su propia cabeza rodando en Roma. No podemos estar seguros.

Aunque la Biblia no dice nada sobre la genuina muerte de Pablo, otras fuentes históricas sí la revelan. El historiador Tacitus, en su decimoquinto libro de sus *Crónicas,* describió una gran persecu-

UN COMPROMISO TOTAL

ción de cristianos en el año 64 DC. Otras fuentes confirman las muertes de Pedro y Pablo en el mismo período.

Pedro fue descrito por Tertuliano, en el año 200 DC, y murió como su Señor, crucificado boca abajo durante la gran persecución bajo el emperador romano, Nerón. Pablo, declaró, murió tal como Juan el Bautista, entregando su cabeza por el evangelio.

Clemente, Obispo de Roma (88-97 DC), en su carta a Corinto (95 DC), Eusebio en su *Historia de la Iglesia*, publicada en el año 326 DC, Caius, en (283-296 DC) y Dionisio, Obispo de Corinto (169-174 DC), todos confirmaron la decapitación de Pablo en Roma, aparentemente en el año 64 DC, pero tal vez a más tardar en el año 67 DC.

Tal vez Pablo lo sabía desde el primer día. Y ahora el Señor le preguntaba: "¿Deseas pagar el precio?, ¿Me amas lo suficiente?" ¡Qué intenso momento para decidir!

¿Qué porcentaje de nuestros cristianos modernos han derramado su sangre aunque fuese una vez, por el nombre de Cristo? ¿Hemos aguantado incluso diez azotes o nos han arrojado unas pocas piedras por su nombre? Y aun, muchos creyentes modernos se han echado para atrás por las "penurias y la persecución." Cada uno de nosotros conoce a cientos e incluso a miles que se han echado para atrás, o por lo menos se han vuelto inactivos frente a las "penurias" ¡cuando realmente ni siquiera sabemos qué son las penurias! La mayoría de nosotros no hemos enfrentado la verdadera persecución.

Pablo estaba a punto de comenzar una vida de sufrimiento y de penurias, y estaba todo claro para él. Así y todo, no dudó ni se echó atrás. Había hecho un compromiso total. Dijo: "Sí, Señor," y siguió adelante.

Pablo era una persona que podía enfrentar las penurias con una canción en su corazón. Me recuerda el himno maravilloso de Jack y Billy Campbell:

Jesús, Utilízame

Amado Señor, seré un testigo,
Socorre mis debilidades.
Sé que no te merezco, Señor.
Con ojos de fe te observo
Sobre la cruz del Calvario.
Amado Señor, te imploro, seré tu sirviente.

De pie estaré a tu lado, amado Jesús,
Hasta que la muerte se ponga en mi camino,
Propagaré el evangelio a los caídos aquí.
Y, si fuese tu voluntad, Señor,
Atravesaré los mares,

UN COMPROMISO TOTAL

Ayúdame, Señor, a estar dispuesto a decir "Sí."

Él es lirio del valle,
La resplandeciente estrella de la alborada.
Él es el más justo entre diez mil para mi alma.
Él es la hermosa rosa de sarón.
Él es todo el mundo para mí.
Mas, ante todo, Él es mi rey venidero.

Coro:

Jesús, ¡utilízame!
Y, O, Señor, no me rechaces,
Porque ciertamente hay una labor que pueda hacer.
Y, aunque fuese humilde,
Señor, haz que mi voluntad se cumpla.
Aunque el costo sea magno, trabajaré para ti.

De alguna manera, pienso que Pablo hubiese agregado a la línea final:

Y aunque el valle fuese profundo, trabajaré para ti.

SECRETOS DE UN SERVIDOR

Y aunque el viaje fuese largo, trabajaré para ti.

Y aunque la senda fuese accidentada, trabajaré para ti.

Y aunque las sombras fuesen oscuras, trabajaré para ti.

Y aunque las montañas fuesen empinadas, trabajaré para ti.

Y aunque cueste mi vida, trabajaré para ti.

Pablo aun no estaba bien afianzado en la doctrina cristiana. No pudo, sin embargo, haber tenido toda la armadura de Dios. Entonces, ¿qué le permitió llegar a ese compromiso total? Por un lado, había experimentado una conversión genuina.

La experiencia de Pablo en el camino a Damasco fue real. Esto no fue una respuesta momentánea a un llamado emocional, y tampoco fue una resolución que se dictaminó en el Año Nuevo. No fue solamente pasar a la página siguiente. Este hombre conoció al Maestro. Pudo vislumbrar el rostro del Salvador, y cambió toda su vida. Se acabó lo antiguo, y todo se tornó nuevo.

De pronto, el asesinato desapareció de su corazón, y con ello la blasfemia. Ya no sintió ambigüedad hacia la iglesia, sino el impulso de seguir el evangelio al que anteriormente se había opuesto.

Este no era sólo un cuento que Pablo había

UN COMPROMISO TOTAL

aprendido en la clase de la escuela dominical. Esto fue real. Lo sentía. Y, dado que su vida había cambiado, amó a Jesús (a quien acababa de conocer), y lo amó lo suficiente como para cumplir su encargo. Más allá de su auténtica conversión, tenía una determinación obstinada y un llamado bien definido. Esto se concretó en un compromiso total.

Dios no ha cambiado. Nos está llamando a cada uno de nosotros a efectuar un compromiso hacia Él. Digámosle:

> Señor, cargaré la cruz más pesada sobre el camino más áspero a través de la noche más oscura.

Pablo previó lo que vendría, no obstante estaba listo a afrontar cualquier cosa. Posteriormente, tuvo otra experiencia similar:

> *Ahora, he aquí, ligado yo en espíritu, voy a Jerusalén, sin saber lo que allá me ha de acontecer; salvo que el Espíritu Santo por todas las ciudades me da testimonio, diciendo que me esperan prisiones y tribulaciones.*
> Hechos 20:22-23

En su viaje final a Jerusalén, Pablo fue continuamente advertido por el Espíritu Santo que en

SECRETOS DE UN SERVIDOR

cada ciudad le esperaba sufrimiento. No siempre sabía qué tipo de persecución se le presentaría, pero sí sabía que le esperaban *"prisiones y tribulaciones."* Los discípulos de Tiro le advirtieron. Lucas le avisó. Felipe y sus hijas le advirtieron. También el profeta Agabo. Discutiremos estos casos más exhaustivamente en el capítulo siguiente.

Otras formas de revelación a través de las cuales Pablo recibió este mensaje no se mencionan en las escrituras. Es posible que este mensaje se haya presentado a través de sueños o visiones, o a través de una voz audible. Posiblemente llegó como profecía o como interpretación de diversas lenguas. Tal vez llegó de varias maneras a diferentes ciudades. Pero, independientemente de cómo llegó, los mensajes concordaban: ¡CAMINO ASPERO ADELANTE! De todas formas, Pablo rehusó poner marcha atrás. Declaró:

> *Pero de ninguna cosa hago caso, ni estimo preciosa mi vida para mí mismo, con tal que acabe mi carrera con gozo, y el ministerio que recibí del Señor Jesús, para dar testimonio del evangelio de la gracia de Dios.*
>
> Hechos 20:24

"¡De ninguna cosa hago caso!" Pablo estaba listo a dar su vida. Estaba preocupado de sólo una cosa:

UN COMPROMISO TOTAL

"el ministerio." Soportaría el sufrimiento con agrado si los demás pudiesen conocer al Señor Jesucristo a través de su sufrimiento. A Pablo no le afectaba, pero sí a las almas perdidas y moribundas. Estaba listo a entregarse, como el cofre de alabastro con bálsamo, y quebrarse, para que la dulce fragancia pudiese fluir y así ministrar a los demás, y por consiguiente, a Cristo.

Pablo se entregó gustosamente a ser golpeado, apedreado, odiado, agraviado, malinterpretado, a ser abofeteado, arrestado, encadenado, robado, atormentado y si fuese necesario, a ser asesinado. Conozco hombres que han sido golpeados por entregarse a Cristo. Conozco hombres que han sido arrestados por entregarse a Cristo. Conozco hombres que han sido catalogados de perturbados por entregarse a Cristo. Conozco hombres que han sido odiados y rechazados por entregarse a Cristo. Sin embargo, no conozco hombre alguno que haya padecido tales sufrimientos como soportó Pablo por el preciado nombre del Señor Jesús. Esta actitud que tomó Pablo frente a tales asuntos es la que es tan importante para nosotros. Muy temprano en su vida cristiana desarrolló esa actitud hacia el sufrimiento y la fe cristiana.

Por un lado, Pablo no utilizó estas cosas como fuente de presunción. Si cualquier hombre merecía el derecho de jactarse por soportar adversidades y persecución, ese era Pablo. Si alguna vez un hombre tuvo el derecho de contar a los demás que había soportado el sufrimiento en nombre del evangelio, él tenía ese derecho. Pero Pablo no hizo una práctica de considerar e incluso mencionar estos padecimientos. Solamente se registran en detalle en su segunda carta a los corintios (ver 2 Corintios 11:24-28).

¿Por qué, en este caso, Pablo rompió con este precedente y transmitió su desconsuelo a los corintios? ¿Qué lo impulsó a contárselos? Manifestó que había ciertos falsos hermanos que estaban alardeando sobre sus logros y sufrimientos por el Señor:

> *Puesto que muchos se glorían según la carne, también yo me gloriaré.*
> 2 Corintios 11:18

> *¿Son ministros de Cristo? (Como si estuviera loco hablo.) Yo más; en trabajos más abundante; en azotes sin número; en cárceles más; en peligros de muerte muchas veces.*
> 2 Corintios 11:23

Antes de mencionar esta lista de sufrimientos, Pablo señaló: *"hablo con locura"* (versículo 21), *"como si estuviera loco hablo"* (versículo 23). Sola-

UN COMPROMISO TOTAL

mente después de esto habló sobre persecuciones y penurias. Esto nos demuestra que sería una locura alardear sobre estas cosas nosotros.

Muchos años atrás escuché por casualidad a un misionero dirigiéndose a una gran convención cristiana en el sur de la India. "Me lanzaron tomates y huevos podridos en el norte," se lamentaba. Esta "persecución" lo forzó a dirigirse al sur donde la actividad no era tan "accidentada." Era obvio que todos pensaban que ese hombre era un loco, y de acuerdo a las enseñanzas de Pablo, era. ¡Tomates y huevos podridos! La mayoría de nosotros en el Occidente no tenemos idea de lo que una verdadera persecución es. La mayoría de nosotros nunca nos hemos enfrentado a verdaderas penurias.

Me gustaría tener un registro actual de personas que en los últimos años han declarado: "Hermano, me gustaría trabajar para el Señor, pero soy muy pobre, y tengo una familia demasiado grande, y mi educación es limitada, y la gente está en contra mía," y así siguen y siguen. Tenemos muchos chiflados en los rangos cristianos. Nuestras tropas parecen estar hechas de insatisfechos e inconformistas.

Pablo escribió a los romanos:

Pues tengo por cierto que las aflicciones del tiempo presente no son comparables con la gloria venidera que en nosotros ha de manifestarse. Romanos 8:18

Nuestros sufrimientos no merecen la pena mencionarlos. Olvídenlos. ¡Basta de excusas! ¡Haced de esos escollos un trampolín para alcanzar la meta! Pablo escribió a los gálatas:

Pero lejos esté de mí gloriarme, sino en la cruz de nuestro Señor Jesucristo, por quien el mundo me es crucificado a mí, y yo al mundo. Gálatas 6:14

A los efesios les dijo:

Dando siempre gracias por todo al Dios y Padre, en el nombre de nuestro Señor Jesucristo. Efesios 5:20

A los filipenses les dijo:

Todo lo puedo en Cristo que me fortalece.
Filipenses 4:13

A los colosenses les dijo:

Ahora me gozo en lo que padezco por vosotros, y cumplo en mi carne lo que falta de las

UN COMPROMISO TOTAL

aflicciones de Cristo por su cuerpo, que es la iglesia. Colosenses 1:24

A los tesalonicenses les dijo:

Dad gracias en todo, porque esta es la voluntad de Dios para con vosotros en Cristo Jesús. 1 Tesalonicenses 5:18

Pablo enumeró sus penurias únicamente a los Corintios, y solamente para manifestarles cuan absurdo era jactarse de esta manera. También habló de sus sufrimientos cuando le escribió a Timoteo. En este caso, no los enumeró como lo hizo con los Corintios, sino simplemente los mencionó para enseñarle al joven Timoteo lo que enfrentaría, con el propósito de prepararse. Nótese que el sufrimiento fue presentado de una forma muy positiva:

Porque no nos ha dado Dios espíritu de cobardía, sino de poder, de amor y de dominio propio. Por tanto, no te avergüences de dar testimonio de nuestro Señor, ni de mí, preso suyo, sino participa de las aflicciones por el evangelio según el poder de Dios.
2 Timoteo 1:7-8

Por lo cual asimismo padezco esto; pero no

me averg:uenzo, porque yo sé a quién he creído, y estoy seguro que es poderoso para guardar mi depósito para aquel día.
2 Timoteo 1:12

Tú, pues, sufre penalidades como buen soldado de Jesucristo.   2 Timoteo 2:3

Por tanto, todo lo soporto por amor de los escogidos, para que ellos también obtengan la salvación que es en Cristo Jesús con gloria eterna.   2 Timoteo 2:10

Si sufrimos, también reinaremos con él.
2 Timoteo 2:12

Y también todos los que quieren vivir piadosamente en Cristo Jesús padecerán persecución.   2 Timoteo 3:12

Si sólo pudiésemos aprender las lecciones de la vida de Pablo, hallaríamos fácil dejar de lado nuestras pobres excusas. Decid "Sí, Señor," y comenzad a pagar el precio para ver que pase algo en el siglo veintiuno. La excelencia en el ministerio le costó a Pablo un tiempo prolongado, años solitarios de servicio. Le costaron azotes, naufragios, apedreos, frío, desamparo, hambre y prisión. Al final, le cos-

UN COMPROMISO TOTAL

tó su vida, pero con mucho gusto pagó cualquier precio y agradeció a Dios por haber sido valorado a hacerlo.

Pablo no era un temerario en busca de emociones ni rastreador de pleitos. Si lo hubiesen asesinado o encarcelado antes de su tiempo, su ministerio nunca se habría extendido tan lejos. Estaba bastante satisfecho de escabullirse fuera de Damasco en un canasto (ver Hechos 9:25) y fuera de Cesarea por barco (ver Hechos 9:30). Después de todo, aun Jesús se deslizó a través de las multitudes escapando a la ira porque su *"tiempo"* aun *"no [había] llegado"* (Juan 7:6).

Cuando Pablo supo que tanto judíos como gentiles de Iconio estaban preparando un ataque para apedrearlo, escapó a Listra y Derbe (ver Hechos 14:5-6). Cuando los enfurecidos judíos en Tesalónica tomaron prisioneros a Jasón y a otros discípulos, Pablo salió de noche a Berea (ver Hechos 17:6-10). Cuando estos hombres lo siguieron a Berea, él escapó nuevamente, esta vez por mar (ver versículos 13-14). Cuando supo que los judíos lo estaban esperando en Siria, cambió sus planes y se dirigió a Macedonia (ver Hechos 20:3). Cuando supo que cuarenta judíos habían conspirado contra él en Jerusalén envió al hijo de su hermana a comunicarle a un capitán del ejército romano sobre el asunto y pedirle su intervención (Hechos 23:12-22). Cuan-

SECRETOS DE UN SERVIDOR

do estuvo en peligro de ser devuelto a Jerusalén para juicio, apeló a César (ver Hechos 25:9-12). Como nunca escapó por temor a problemas, Pablo nunca dudó en reconocer la liberación de los conflictos brindados por Dios y su modo de escape.

La persecución, en todas sus diversas formas, es uno de los temas más extensos del libro de Los Hechos. De las enseñanzas sobre este tema, nos instruimos de muchas cosas. La más importante de éstas es que la persecución siempre tiene un propósito divino y puede a su vez trabajar para nosotros y para bien del evangelio.

Dios honró a Pablo por su entusiasmo para enfrentar cualquier cosa que la vida se le presentase, y aun honra a aquellos quienes anhelan pagar cualquier precio para hacer su voluntad. Dios sigue buscando hombres y mujeres con compromiso total. Los esfuerzos de mala gana siempre han producido resultados a medias, y siempre lo harán. Haced ese compromiso total hacia Dios hoy, y esperad su excelencia en vuestra vida.

Capítulo 6

Una determinación obstinada

Porque Pablo se había propuesto pasar de largo a Efeso, para no detenerse en Asia, pues se apresuraba por estar el día de Pentecostés, si le fuese posible, en Jerusalén.

Hechos 20:16

Y ... nos quedamos allí siete días; y ellos decían a Pablo por el Espíritu, que no subiese a Jerusalén. Hechos 21:4

Y permaneciendo nosotros allí algunos días, descendió de Judea un profeta llamado Agabo, quien viniendo a vernos, tomó el cinto de

SECRETOS DE UN SERVIDOR

Pablo, y atándose los pies y las manos, dijo: Esto dice el Espíritu Santo: Así atarán los judíos en Jerusalén al varón de quien es este cinto, y le entregarán en manos de los gentiles. Al oír esto, le rogamos nosotros y los de aquel lugar, que no subiese a Jerusalén.
Hechos 21:10-12

Y como no le pudimos persuadir, desistimos, diciendo: Hágase la voluntad del Señor.
Hechos 21:14

Por alguna razón Pablo sintió que debería regresar a Jerusalén. Sintió tal necesidad que evadió Efeso y también inadvirtió Asia, tratando de completar su viaje a tiempo para llegar a la Fiesta de Pentecostés. Sin embargo, sucedieron una serie de misteriosos acontecimientos que llevaron a muchos de sus amigos y, ciertamente, a hombres de todas las generaciones posteriores, preguntarse si Pablo no cometió un error trágico al insistir en acatar sus exigencias interiores.

Luego de evadir Efeso, la compañía de Pablo prosiguió por barco a Mileto, Coos, Rodas, Pátara, pasando Chipre y finalmente a Siria y a la ciudad de Tiro. Lucas, compañero de Pablo y escritor de Los Hechos de los Apóstoles, declaró que el barco en el cual viajaban debía dejar su carga en esa

UNA DETERMINACIÓN OBSTINADA

ciudad. Es posible que Pablo y sus compañeros no hubiesen ido a Tiro si hubieran tomado otro barco. Pero no tomaron otro barco. El Señor tenía su mano sobre la vida de Pablo y estaba guiando cada uno de sus movimientos. Lo condujo a Tiro para que pudiese hablar con él allí.

Si alguno de la compañía tenía conocimiento previo de una iglesia en Tiro no está claro. Lucas escribió:

> *Y hallados los discípulos, nos quedamos allí siete días; y ellos decían a Pablo por el Espíritu, que no subiese a Jerusalén.*
>
> Hechos 21:4

Dios utilizó estos discípulos llenos del Espíritu en Tiro para hablar a su sirviente Pablo.

Dado que la compañía de Pablo y los miembros de la iglesia en Tiro tenían fuertes similitudes en el Espíritu, los discípulos de Tiro comenzaron a tener profundos sentimientos sobre el viaje de Pablo, y no dudaron en transmitir lo que sentían.

Cómo este mensaje fue transmitido no podemos estar seguros. Pudo haber llegado a estos santos como una palabra de conocimiento. Pudo haber sido en forma de profecía o una interpretación de un mensaje en lenguas extrañas. Las posibilidades son ilimitadas, incluyendo sueños y visiones.

SECRETOS DE UN SERVIDOR

El método no es mayormente significativo. Era el mensaje lo importante. Estos hermanos percibían que Pablo enfrentaría graves peligros si persistía en ir a Jerusalén, y eso es lo que le dijeron.

Nada más se dice de la visita de diez días excepto que cuando llegó el momento de zarpar los discípulos locales, con sus esposas e hijos, acompañaron al grupo al barco. Allí, todos se arrodillaron juntos en la orilla e hicieron una oración final, probablemente para Pablo. Pareció impertérrito en su propósito.

Desde Tiro, el barco se dirigió a Ptolemáis, donde Pablo pasó un día con los hermanos que halló ahí y luego continuaron a Cesarea al día siguiente. En Cesarea, Pablo y su compañía fueron acogidos es casa de Felipe el evangelista (familiar a todos los amantes de la Biblia, como el hombre responsable de la gran transformación de samaria de Hechos 8). Ahora Felipe era mayor y ampliamente reconocido como evangelista. Tenía cuatro hijas solteras quienes gozaban de dones proféticos excepcionales. Fue allí, en casa de Felipe donde el Señor le habló a Pablo nuevamente.

No fue por casualidad que al mismo tiempo, Agabo, un profeta de Judea, decidió visitar Cesarea. Este era un verdadero profeta del Señor. La

UNA DETERMINACIÓN OBSTINADA

única otra referencia bíblica a él se halla en Hechos 11. Ahí se registra que viajó junto con otros profetas de Jerusalén a Antioquía. En este lugar, Agabo profetizó que habría una gran sequía en todo el mundo. Sus palabras fueron inspiradas y verdaderas. La profecía sucedería durante el reinado del gran emperador romano, Claudio César. Lucas respetaba lo suficiente a Agabo como para relatar cada detalle de sus atrevidas profecías.

En esta ocasión particular, la profecía fue representada de forma dramática, concibiendo su mensaje claro e inconfundible. Agabo tomó el cinto de Pablo, la correa o faja atada alrededor de la cintura de su túnica, y con él, ató las manos y pies de Pablo. Mientras hacía esto declaró:

Esto dice el Espíritu Santo: Así atarán los judíos en Jerusalén al varón de quien es este cinto, y le entregarán en manos de los gentiles. Hechos 21:11

Si estas advertencias no eran suficientes para convencer a Pablo, fueron lo suficientemente convincentes para sus compañeros. Lucas escribió:

Al oír esto, le rogamos nosotros y los de aquel lugar, que no subiese a Jerusalén.
Hechos 21:12

SECRETOS DE UN SERVIDOR

El *"nosotros"* de este pasaje no solamente se refiere a Lucas sino también a los otros miembros del grupo misionero. *"Los de aquel lugar"* representa a Felipe, sus cuatro hijas profetisas, y otros santos de Cesarea.

El nerviosismo por la situación estaba aumentando. Primero, los discípulos de Tiro declararon sus advertencias; luego, Agabo el profeta también dio su consejo. A esto, se sumaron Felipe y las cuatro hijas. Y todos intentaron persuadir a Pablo de no ir a Jerusalén.

Estas advertencias no fueron las únicas que recibió Pablo. Cuando estuvo en Mileto, Pablo habló con los líderes de Éfeso, a quienes había convocado a ese lugar. Expresó:

> *Ahora, he aquí, ligado yo en espíritu, voy a Jerusalén, sin saber lo que allá me ha de acontecer; salvo que el Espíritu Santo por todas las ciudades me da testimonio, diciendo que me esperan prisiones y tribulaciones.*
> Hechos 20:22-23

No solamente los discípulos de Tiro le advirtieron, no solamente lo hizo Agabo, no solamente le advirtió Lucas, no solamente le advirtió Felipe, y no solamente las cuatro profetisas le advirtieron, fue advertido por alguien en cada ciudad que

UNA DETERMINACIÓN OBSTINADA

entraba. Y aun así, no hizo caso nadie de estas palabras:

No le pudimos persuadir. Hechos 21:14

Cuando aun era un ministro muy joven, estuve leyendo un notorio comentario sobre el libro de Los Hechos, y el autor expresaba que todos los "problemas" que se le presentaban a Pablo en Jerusalén y los eventos que siguieron fueron el resultado de su desobediencia a estas advertencias de profecía. El autor fue tan lejos que hasta sugirió que Pablo probablemente había vuelto a sus viejas conductas. ¿Deseaba el Señor que Pablo se dirigiese a Jerusalén o no? ¿Tenía razón en insistir en ir? ¿O estaba equivocado? ¿Desobedeció al Espíritu Santo? ¿Se causó problemas innecesarios?

¿Por qué Pablo tendría el deseo de ir a Jerusalén? El sabía que los judíos allí lo odiaban. Los judíos de todas partes lo odiaban. ¿No habían estado tramando su muerte desde el primer día que comenzó a señalar el nombre de Jesús? El sabía que Jerusalén estaría repleta de judíos durante la Fiesta de Pentecostés. ¿Cuál pudo haber sido el motivo de ir, motivo tan poderoso que le provocó renunciar incluso a los consejos de sus amigos y colaboradores llenos del Espíritu? Simplemente, ¿Cuál era el plan de Dios para Pablo?

SECRETOS DE UN SERVIDOR

Inmediatamente después de la conversión de Pablo y durante sus tres días de ayuno, Dios le habló a Ananías:

El Señor le dijo [a Ananías]: Ve, porque instrumento escogido me es éste [Pablo], para llevar mi nombre en presencia de los gentiles, y de reyes, y de los hijos de Israel
Hechos 9:15

Estas palabras representaban una identificación del plan de Dios para la vida de Pablo: ministrar a los gentiles, a reyes y al pueblo judío. ¿Había Pablo cumplido totalmente ese plan? ¡Aun no! Sus primeros intentos para ganar adeptos judíos fracasaron, así que luego se volvió hacia los gentiles (Hechos 22:18 y 21). Desde ese momento había permanecido como fiel testigo a las naciones gentiles, y ahorra fue reconocido como *"ministro de Jesucristo a los gentiles"* (Romanos 15:16) y haber fundado muchas iglesias gentiles. Este fue un trabajo noble. Sin duda su éxito en este campo influenció a sus amigos en desalentar cualquier inclinación en otra dirección. Pablo era necesario.

No obstante, Dios tenía algo más que hacer para Pablo. Quería que Pablo llevara el nombre de Jesús ante reyes e hijos de Israel en mayor escala, y ahora una urgencia interior lo impulsaba a Jeru-

UNA DETERMINACIÓN OBSTINADA

salén. Sabía que no era su propio deseo, que era la exhortación del Espíritu Santo. Debía dirigirse a Jerusalén. Debía pasar por Efeso, desatender Asia e ir de prisa a Jerusalén. Los judíos de todas las naciones se reunirían allí, y Dios lo había escogido para llevar el nombre del Señor Jesucristo ante ellos. No podía fracasar. Debía apurarse. No debía permitir que nadie ni nada se interpusiera en su camino. Debía estar ahí durante la fiesta cuando todas las naciones estuvieran representadas.

Sí, él sabía que era ineludible. Eso era parte del plan de Dios. Sería entregado a los gentiles. Eso estaba bien. También había sido escogido para entregarles a ellos el mensaje de Jesús. Sí, sería enjuiciado y encarcelado, pero había sido elegido para presentarse ante reyes y hablarles de Cristo. Estaba listo para comprometerse, e incluso a morir si fuese necesario, y a nadie le estaba permitido interponerse en su camino. Debía regresar a Jerusalén. La determinación de su espíritu lo hacía un hombre pertinaz.

La profecía de Agabo a Pablo estaba completamente en concordancia con lo que el Espíritu Santo había estado hablando en otras ciudades. Su método era conmovedor, colorido y convincente, ¿pero que decía? Decía que los judíos apresarían a Pablo y lo entregarían a los gentiles. Aquellas palabras eran verdaderas, y se harían realidad. Agabo, sin embargo, no le dijo a Pablo que no fuese a Jerusalén. Simplemente le advirtió sobre las cosas que sucederían si fuese.

Jesús sabía lo que ocurriría en la cruz, y fue de todos modos. Pablo hizo lo mismo. Agabo no le dijo nada que no hubiese sabido con anterioridad. Solamente confirmó los mensajes que había estado recibiendo permanentemente.

La redacción de Hechos 21:4 ha llevado a muchos a creer que a Pablo realmente se le prohibió dirigirse a Jerusalén. En un sentido más literal, se podría leer: *"Fuimos y hallamos a los discípulos [de Tiro] y nos quedamos allí una semana, y ellos, advertidos por el Espíritu, rogaron a Pablo que abandonase su visita a Jerusalén."*

El Espíritu Santo no le prohibió a Pablo ir a Jerusalén. Estos buenos hermanos de Tiro, sabiendo lo que le iba a suceder a Pablo (porque el Espíritu Santo se los había señalado), le rogaron que desistiera. Los hombres le pidieron que renunciara. Agabo, los discípulos de Tiro, Lucas, el resto de la compañía de Pablo, Felipe y sus hijas y los discípulos de Cesarea todos suplicaron a Pablo que desistiera. No obstante, él se rehusó. No escuchó ni siquiera a sus más cercanos y fieles compañeros. Dios lo estaba impulsando a seguir. Debía ir a Jerusalén. Había trabajo que realizar allí. No podía permitir que nadie lo detuviese o lo hiciera retractarse.

UNA DETERMINACIÓN OBSTINADA

Por consiguiente, la respuesta de Pablo a todas esas peticiones fue:

Pero de ninguna cosa hago caso, ni estimo preciosa mi vida para mí mismo, con tal que acabe mi carrera con gozo, y el ministerio que recibí del Señor Jesús, para dar testimonio del evangelio de la gracia de Dios.
Hechos 20:24

¿Qué hacéis llorando y quebrantándome el corazón? Porque yo estoy dispuesto no sólo a ser atado, mas aun a morir en Jerusalén por el nombre del Señor Jesús.   Hechos 21:13

Pablo sabía lo que vendría, y estaba listo para ello, por lo que nadie podía cambiar su decisión. Tenía un solo pensamiento, *"el ministerio,"* y con ello, entró a Jerusalén y a la guarida de leones. Allí fue aprehendido, maltratado y encarcelado. Ese día marcó el fin de su libertad física y el comienzo de una larga cadena de abusos que culminarían en su decapitación en Roma.

¿Fue innecesario infligirse todo este sufrimiento? ¿Fue el resultado de desobediencia o de una recaída? La prueba para mí es que este no es el caso y que él estaba obedeciendo a Dios y que el mismo Señor se apareció ante Pablo en la prisión en Jerusalén para consolarlo:

SECRETOS DE UN SERVIDOR

A la noche siguiente se le presentó el Señor y le dijo: Ten ánimo, Pablo, pues como has testificado de mí en Jerusalén, así es necesario que testifiques también en Roma.

Hechos 23:11

Dios no se dirige así a los que declinan.

A menos de una semana después que Pablo entrara a la ciudad de Jerusalén, fue capturado por enfurecidos judíos. Lo estuvieron golpeando y lo hubiesen asesinado en el lugar, pero los soldados romanos lo descubrieron, porque toda la ciudad estaba alborotada. Fue rescatado de la muchedumbre, atado con dos cadenas y se vieron forzaron a llevarlo al palacio para mantenerlo con vida.

Una vez que Pablo entraba a la fortaleza romana, habló con el tribuno y solicitó permiso para defenderse ante el pueblo. El tribuno, al saber que no era un criminal, consintió. Pablo permaneció de pie en las gradas del palacio mientras la muchedumbre enfurecida gritaba: *"¡Muera!"* (Hechos 21:36). Luego, Pablo hizo algo absolutamente asombroso:

Pablo, estando en pie en las gradas, hizo señal con la mano al pueblo. Y hecho gran silencio, habló en lengua hebrea.

Hechos 21:40

UNA DETERMINACIÓN OBSTINADA

Hay algo extraño acerca de esta escena. Sólo unos pocos minutos después que el gentío golpeara a Pablo y desearan su muerte, de pronto *"hecho grande silencio"* lo escucharon traer un mensaje que tomó veintiún versículos para registrarlo (ver Hechos 22:1-21). En su mensaje, Pablo relató en detalle la experiencia de su conversión en el camino a Damasco, los sucesos posteriores en esta ciudad y después su primera visita a Jerusalén. Recordó a la multitud que antes había perseguido a los cristianos, comenzando con su consentimiento al martirio de Esteban. Por el momento, el pueblo escuchaba atentamente.

Luego, tan pronto como había comenzado, se rompió el silencio. El Espíritu de Dios había quedado flotando sobre la multitud y los había silenciado para oír el mensaje. Hasta ahí no más lo oyeron:

Y le oyeron hasta esta palabra; entonces alzaron la voz, diciendo: Quita de la tierra a tal hombre, porque no conviene que viva. Y como ellos gritaban y arrojaban sus ropas y lanzaban polvo al aire, mandó el tribuno que le metiesen en la fortaleza, y ordenó que fuese examinado con azotes, para saber por qué causa clamaban así contra él.

Hechos 22:22-24

SECRETOS DE UN SERVIDOR

A la mañana siguiente, Pablo fue conducido ante el consejo judío. Cuando intentó de defenderse, alguien lo abofeteó. La reunión del consejo terminó en tal confusión que el tribuno, temiendo que los líderes judíos despedazaran a Pablo, nuevamente lo rescató por la fuerza, llevándolo de regreso a la fortaleza. Esa noche el Señor se posó ante él y pronunció estas prometedoras palabras: *"Ten ánimo, Pablo; que como has testificado de mí en Jerusalén, así es menester testifiques también en Roma."*

Pablo había cumplido con su llamado a los judíos. Podía glorificar a Cristo ante los representantes de todo el judaísmo a la vez. Debía, por consiguiente, tener *"ánimo,"* había dicho el Señor. No importaba si sus amigos hubiesen comprendido su motivación. Tenían buenas intenciones, pero su comprensión sobre el propósito de Dios había estado limitada. Comprendían sólo en parte. Habían intentado desalentar lo que probaría ser una bendición para todas las generaciones venideras, puesto que fue durante estos períodos de encarcelamiento que Pablo halló tiempo para escribir sus cartas a las iglesias.

Pablo sabía el valor de la obediencia a Dios. Cuando sus amigos no pudieron convencerlo para que cambiase de opinión, aceptaron su decisión:

UNA DETERMINACIÓN OBSTINADA

Y como no le pudimos persuadir, desistimos, diciendo: Hágase la voluntad del Señor.

Hechos 21:14

Y se hizo la voluntad del Señor, pero solamente porque Pablo tapó sus oídos a todo y oyó la voz de Dios. Gracias a Dios por un hombre con una determinación obstinada que no fue dominado por la opinión popular. Necesitamos más de tales hombres y mujeres en la actualidad y tú puedes ser uno de ellos.

Capítulo 7

Un enfoque realista

Quiso Pablo que éste [Timoteo] fuese con él; y tomándole, le circuncidó por causa de los judíos que había en aquellos lugares; porque todos sabían que su padre era griego.

Hechos 16:3

Entonces Pablo tomó consigo a aquellos hombres, y al día siguiente, habiéndose purificado con ellos, entró en el templo, para anunciar el cumplimiento de los días de la purificación, cuando había de presentarse la ofrenda por cada uno de ellos.

Hechos 21:26

UN ENFOQUE REALISTA

Da la impresión que Pablo se fue tranquilizando a través de los años. Pero, ¡cuidado!, el idealismo de la juventud es maravilloso, mas debe templarse por el realismo, o vamos a través de nuestras vidas embistiendo a todo aquel que se nos cruza. Aun vivimos en un mundo imperfecto y con gente imperfecta. La iglesia es todavía imperfecta, y aun así el Señor la ama. Cada uno de nosotros carecemos de perfección (para algunos una revelación dolorosa). Por consiguiente, no debemos perder nuestro idealismo, sino templar ese idealismo con la realidad.

Pablo desarrolló un enfoque muy práctico hacia la vida. Con plena conciencia sirvió a Dios a medida que lo guiaba el Espíritu. Pero no esperaba que todos viviesen con la misma exigencia con la cual él vivía. El dio el ejemplo, y sería la decisión de los demás seguirlo o no.

Pablo pensaba que podía tomarse ciertas libertades en la vida, pero si por un momento creía que esas libertades podrían ofender a un hermano o causarle confusión, no insistía en ellas. El se volvió "todo para todos los demás." Y, si al llevar a cabo una acción que hallase personalmente ofensiva, podía llevar unidad al cuerpo que deseaba hacer eso también.

Dudo usar el término "compromiso" en esta discusión, puesto que ha sido una muy mala palabra para algunos de nosotros que hemos deseado agradar a Dios y hacer su voluntad. "¡Nunca se comprometan!" se nos enseñó. Por tanto, compromiso, a nuestro modo de pensar, ha estado siempre ligado a regresión y desobediencia.

A menudo eso es verdad, pero no siempre. Hay muchos compromisos en la vida cristiana. La persona que nunca ha sabido comprometerse no puede tener un matrimonio exitoso, por ejemplo. Los padres y madres que nunca han aprendido a comprometerse provocarán el alejamiento de sus hijos. El creyente que no puede comprometerse con sus compañeros de trabajo perderá muchos o la mayoría de ellos.

Pablo supo comprometerse cuando su sacrificio personal se dirigía a un buen propósito. Hay varios ejemplos en las escrituras. Uno de ellos se refiere a la circuncisión de Timoteo:

> *Quiso Pablo que éste [Timoteo] fuese con él; y tomándole, le circuncidó por causa de los judíos que había en aquellos lugares; porque todos sabían que su padre era griego.*
>
> Hechos 16:3

Ese comentario que leí cuando era un joven ministro señalaba la circuncisión de Timoteo como "el primer paso en la retracción del compromiso

UN ENFOQUE REALISTA

de Pablo." Puedo comprender que tal acto podría verse superficialmente como un compromiso. Pablo acababa de ganar una gran batalla en el consejo de Jerusalén, y Hechos 15 declara su victoria sobre los legalistas. Llegaron a decir:

> *Si no os circuncidáis conforme al rito de Moisés, no podéis ser salvos.* Hechos 15:1

Pablo, Bernabé y Santiago refutaron este argumento, aludiendo que no era necesario para los gentiles conversos cumplir con la ley. Y ganaron su caso. Más tarde, cuando Pablo escribió a los gentiles conversos de Galacia, declaró:

> *He aquí, yo Pablo os digo que si os circuncidáis, de nada os aprovechará Cristo.*
> Gálatas 5:2

En Gálatas 2, Pablo condenó abiertamente a otros líderes de la iglesia porque deseaban circuncidar a Tito, un griego. Luego se volvió y ¡circuncidó a Timoteo! ¿Por qué?, ¿Se comprometió? ¿Recayó?

La diferencia, pienso, fue que Timoteo no era un gentil converso. Era hijo de una judía. Aunque ella estaba casada con un griego, su hijo aun era un judío legalmente. Si bien Pablo estaba en contra de circuncidar a los gentiles conversos, nunca estuvo en contra de la circuncisión de sus compañeros judíos (ver Romanos 3:1-2).

¿Tenía Timoteo que ser circuncidado? ¡Por supuesto que no! En Cristo Jesús, *"La circuncisión nada es, y la incircuncisión nada es,"* (1 Corintios 7:19). ¿Por qué, entonces circuncidar a Timoteo? Pablo explicó su decisión de este modo:

> *Me he hecho a los judíos como judío, para ganar a los judíos; a los que están sujetos a la ley (aunque yo no esté sujeto a la ley) como sujeto a la ley, para ganar a los que están sujetos a la ley; a los que están sin ley, como si yo estuviera sin ley (no estando yo sin ley de Dios, sino bajo la ley de Cristo), para ganar a los que están sin ley. Me he hecho débil a los débiles, para ganar a los débiles; a todos me he hecho de todo, para que de todos modos salve a algunos. Y esto hago por causa del evangelio, para hacerme copartícipe de él.* 1 Corintios 9:20-23

Timoteo tenía buenos antecedentes para el trabajo entre el pueblo judío. Había sido criado por unas fieles madre y abuela judías (ver 2 Timoteo 1:5). Desde que Timoteo era pequeño, Loida y Eunice le enseñaron las Sagradas Escrituras (ver 2 Timoteo 3:15). Y *"daban buen testimonio de él los*

UN ENFOQUE REALISTA

hermanos que estaban en Listra y en Iconio." (Hechos 16:2). Timoteo tenía un solo problema: Era de Asia Menor, y los judíos de ese lugar tenían la reputación de ser perezosos e insensibles.

Timoteo nunca sería bien aceptado entre los judíos ortodoxos salvo que fuese circuncidado. La decisión hecha en Jerusalén no se aplicaba a él. Era un judío, por tanto Pablo lo circuncidó y lo llevó con él. De este pasaje resulta evidente que el acto se realizó en nombre de los judíos, no por temor a los judíos. Estos costosos esfuerzos de Pablo y Timoteo fueron bien recompensados. Leemos:

Así que las iglesias eran confirmadas en la fe, y aumentaban en número cada día.
Hechos 16:5

Otro ejemplo del enfoque realista de Pablo hacia la vida con otros hermanos vino mucho más tarde durante su vida, al final de ese turbulento viaje de regreso a Jerusalén:

Haz, pues, esto que te decimos: Hay entre nosotros cuatro hombres que tienen obligación de cumplir voto. Tómalos contigo, purifícate con ellos, y paga sus gastos para que se rasuren la cabeza; y todos comprenderán que no hay nada de lo que se les informó acerca

> *de ti, sino que tú también andas ordenadamente, guardando la ley.*
>
> *Entonces Pablo tomó consigo a aquellos hombres, y al día siguiente, habiéndose purificado con ellos, entró en el templo, para anunciar el cumplimiento de los días de la purificación, cuando había de presentarse la ofrenda por cada uno de ellos.*
>
> Hechos 21:23-24 y 26

Los dirigentes de la iglesia en Jerusalén le pidieron a Pablo que entrase al templo, se sometiese a una ceremonia judía de purificación y que pagase por otros cuatro hombres para completar sus ceremonias. Y decidió hacerlo.

Entrar al templo no era mayor problema. Al comienzo de Hechos de los Apóstoles leemos sobre los discípulos yendo frecuentemente a las sinagogas y al templo. Fue ahí, en el lugar de adoración y conocimiento, que encontraron aquellos ávidos por la verdad. Jesús a menudo entraba a las sinagogas y al templo.

Entonces, la pregunta no es: ¿Por qué Pablo entró al templo? La consulta es: ¿Por qué Pablo se sometió a la ceremonia de purificación? Y, ¿Por qué pagó para que a cuatro judío-cristianos les fuesen rasuradas sus cabezas y tuvieran ofrendas facilitadas en su nombre? Estas actuaciones pare-

UN ENFOQUE REALISTA

cen contradictorias al equilibrio de sus enseñanzas (ver Hechos 13:39, Romanos 3:20, 7:4 y 6, Gálatas 2:16, 3:11 y 5:18, Efesios 2:15 y Colosenses 2:14). Entonces, ¿a qué propósito servía todo esto?

Desde el comienzo de su ministerio, Pablo careció de la cooperación de la iglesia de Jerusalén. La dirigencia desconfiaba de él y no recibió cooperación de ella. Dado su origen judío, estos hombres eran prejuiciosos contra su ministerio no judío. A veces esta actitud de la madre iglesia interfería con el progreso de Pablo. Con certeza, nunca le hizo ningún bien a su trabajo.

Pablo atribuyó este intento de perversión de los conversos gálatas a una fuente en Jerusalén. Inculpó a emisarios palestinos de introducir confusión y discordia entre la gente de Corintio. En pocas palabras, los dirigentes bien intencionados de la iglesia de Jerusalén estaban no solamente entorpeciendo la difusión del evangelio, sino que estaban intentando desbaratar lo que ya se había hecho al implantar la ley como requisito para la salvación.

No todos los cristianos de Jerusalén eran culpables. Pedro, Jacobo y Juan, luego de discrepar con Pablo sobre algunos puntos de la ley, finalmente se dieron la mano como compañeros y acordaron que Pablo debía dirigirse a los gentiles (ver Gálatas 2:9). El apremio provino de una cierta, pequeña, pero poderosa facción en la iglesia que agitó los elementos de la discordia. Estaba conformada por fariseos empeñados en señalar al cristianismo como una secta del judaísmo. No era secreto, entonces, que algunas de estas facciones hayan enviado emisarios a los grupos de gentiles de Pablo, pretendiendo alejarlos de él (ver Gálatas 2:4-5).

Aunque miles se habían convertido en Jerusalén, muchos de ellos se habían esparcido debido a la persecución, y aquellos que permanecieron eran, en general, creyentes judíos tradicionales. Eran *"celosos por la ley"* (Hechos 21:20). La transición de la ley a la gracia era una lucha para ellos, una lucha en la cual aparentemente habían progresado muy poco. Todas las premisas nos dicen que nunca habían madurado más allá de considerar a Jesús simplemente como el Mesías judío. Eran aún párvulos, bebiendo la leche del cristianismo, mientras seguían cargando con la opresión de la ley.

Jacobo parece haber sido divinamente proclamado como el apóstol de esta iglesia intermedia. Tenía una habilidad divina para alimentar a estos seguidores. Era indulgente con ellos, concediéndoles la libertad del evangelio del cual hablaba Pablo (ver 1 Corintios 8:9), mientras buscaba prevenirlos de los tropiezos al tratar de custodiar la ley.

Asimismo, Pablo era cuidadoso en el trato con

UN ENFOQUE REALISTA

ellos. Temía que si lidiaba con sus prejuicios abiertamente, tal vez podrían renunciar radicalmente al cristianismo y arruinar su fe. Temía que si se disciplinaba a tales párvulos, no comprenderían el porqué de estar siendo corregidos.

Debido a esta inmadurez, la iglesia de Jerusalén en su conjunto, consideraba que Pablo era un ofensor de la ley, un irreverente de las tradiciones y un helenista, no un verdadero Hebreo (ver Hechos 21:21). Sin duda, Pablo esperaba que su visita a Jerusalén rectificara las cosas en la iglesia de aquel lugar. Una vez allí, se esforzó, inspirado por el amor y paciencia cristianos, para ganar los corazones de aquellos a los cuales respetaba, a pesar de sus debilidades y equivocaciones, como hermanos en Cristo y de este modo superar los prejuicios que habían impedido su progreso.

Si pudiese inducir a esa iglesia hacia la verdad de la libertad del Nuevo Testamento o apartar su abierta hostilidad hacia él y su ministerio, esto ayudaría más a difundir el cristianismo que la conversión de Efeso. Ciertamente, si fracasaba en su misión, significaría una ruptura permanente en el cuerpo de Cristo. Pablo estaba dispuesto y gustoso en adoptar cualquier medio legal para prevenir ese final.

Durante esta visita específica a Jerusalén, Pablo realizó varias cosas para lograr estas metas:

SECRETOS DE UN SERVIDOR

1. Pablo llevó una ofrenda de las iglesias gentiles a la iglesia en Jerusalén.

¿Por qué tendrían que enviar una ofrenda las recién convertidas naciones gentiles a la antigua iglesia de Jerusalén? Esto no fue más que un acto de amor y bondad cristianos, y Pablo animó a los gentiles a enviar la ofrenda como muestra de amor a la madre iglesia, a cambio de bendiciones espirituales recibidas. Tal dádiva seguramente revelaría a los judíos que el amor de Dios había sido vertido en el extranjero en los corazones de hombres paganos (ver Hechos 24:17, Romanos 15:25-26, 1 Corintios 16:1-3 y 2 Corintios 9:1-5).

2. Pablo entregó a la iglesia de Jerusalén un reporte detallado de su trabajo entre los gentiles durante los cuatro años anteriores.

Cuando Pedro reportó su misión con los gentiles en Cesarea a esta misma iglesia escéptica, ellos *"callaron, y glorificaron a Dios, diciendo: ¡De manera que también a los gentiles ha dado Dios arrepentimiento para vida!"* (Hechos 11:18). El reporte de Pablo obtuvo la misma ferviente respuesta: *"Cuando ellos lo oyeron, glorificaron a Dios"* (Hechos 21:20). Esto es exactamente lo que Pablo había estado esperando. Sus oraciones habían sido oídas:

UN ENFOQUE REALISTA

3. Pablo alegremente cumplió con el consejo de la asamblea de entrar al templo, someterse a la purificación judía y ayudar a cuatro hombres en sus votos. Estos actos eliminaron todo prejuicio, decepcionando a las problemáticas facciones que estaban, sin duda, esperanzadas en que Pablo rehusaría hacerlo.

Los requerimientos eran simples. Su permanencia entre los gentiles lo había tornado impuro de acuerdo a la ley judía. Se pensaba que estaba tan contaminado como si hubiese tocado a un cadáver. Para que nuevamente pudiese ser aceptado en el mundo judío, debía someterse a ceremonias de purificación.

El libro de Números del Antiguo Testamento nos presenta un cuadro similar al caso de Pablo. Tales casos sencillos requerían solamente rociar con el agua de separación antes de entrar al templo, lavar el cuerpo y cambiar sus vestidos al término de siete días (ver Números 19:16 y 19 y Hechos 21:26-27).

El caso de los cuatro hombres era diferente. Habían hecho el voto de Nazareo (ver Números 6). Era costumbre hacer este voto para aquellos que habían escapado de un gran peligro o que deseaban testificar públicamente su dedicación a Dios.

SECRETOS DE UN SERVIDOR

Esta era una de las costumbres judías que perduró hasta los primeros conversos de Jerusalén.

No había un período límite establecido para el voto. En los casos de Samuel, Sansón y Juan el Bautista, fue observado de por vida. No bebían bebidas fuertes, se mantenían alejados de cuerpos muertos y dejaban su cabellera larga. Dado que nunca concluían con el voto, escapaban de muchos otros cumplimientos que acompañaban su consumación.

Otros tomaban el voto durante un período más corto. El Talmud y los escritos del historiador Josefo sugieren un período normal de treinta días. Al final de los treinta días, el hombre involucrado debía aparecer en el templo y dar sacrificios. Su cabello era cortado y quemado en el altar.

Los diversos sacrificios consistían en: un cordero macho de un año (sin imperfección) para una ofrenda en holocausto, un cordero hembra de un año (sin imperfección) para ofrenda de pecado, un carnero (sin imperfección) para ofrenda de paz, un canasto con pan sin levadura, tortas de harina fina mezcladas con aceite, y hojaldres de pan sin levadura untados con aceite, una ofrenda de carne y varias ofrendas de bebida (ver Números 6).

Las ofrendas como estas obviamente estaban lejos del alcance de los pobres. Por lo tanto, era costumbre de los ricos, como un acto de devoción,

UN ENFOQUE REALISTA

pagar los gastos necesarios para que los más pobres pudieran completar sus votos. No hay nada en las escrituras que señalen a Pablo como independientemente rico, y de dónde obtuvo los fondos para beneficiar a estos hombres, sólo queda en la imaginación. Pero él creía que esto era una causa que bien merecía el uso del dinero de Dios.

El gobernante romano, Agripa Primero, había hecho esto mismo con los Nazareos solamente por popularidad. Pablo lo hizo por la paz. En todo esto, Pablo no estaba protegiendo a los judaizantes que pretendían situar a los gentiles bajo la ley. El nunca les dio la oportunidad (ver Gálatas 2:5).

Tampoco Jacobo aprobaba a los judaizantes. Como compañero de Pablo, le dio la mano. Incluso ambos usaron la prudencia en sus tratos. Eran verdaderamente *"prudentes como serpientes, y sencillos como palomas"* (Mateo 10:16), anhelando realmente ser como Pablo enseñaba: *"a todos me he hecho todo, para que de todos modos salve a algunos"* (1 Corintios 9:22). Para los judíos, ellos se volvían como judíos (ver versículo 20).

Al confrontarse con la división entre los creyentes romanos sobre el asunto de comer ciertas carnes, Pablo resumió su revelación en estas palabras:

SECRETOS DE UN SERVIDOR

Así que, ya no nos juzguemos más los unos a los otros, sino más bien decidid no poner tropiezo u ocasión de caer al hermano.

Romanos 14:13

Pablo sabía mejor que nadie las probables consecuencias de sus acciones decisivas en Jerusalén, pero su gran amor lo llevó a adoptar incluso las ceremonias más arduas, si, al realizarlas, pudiera salvar a un hermano de caer. Aunque todos hemos sido liberados de la tiranía de la ley, algunas veces se nos puede pedir someternos a sus requerimientos con el propósito de captar a alguien para el evangelio.

¡Cuidado!, algunos nos harían creer que la buena disposición de Pablo para volverse *"a todos me he hecho todo"* era una licencia al pecado, y ese no es el caso. Esta verdad tampoco nos da el derecho de desobedecer a Dios. Solamente nos estamos refiriendo a ir más allá y portar un peso adicional para ayudar a un hermano necesitado o para salvar un alma perdida.

Pedidle a Dios que os dé un enfoque real a los problemas de la vida y los complejos asuntos de relaciones interpersonales que enfrentamos hoy en el siglo veintiuno. Él ha prometido escuchar y responder vuestra oración.

Capítulo 8

Un arma secreto

Oraré con el espíritu, pero oraré también con el entendimiento; cantaré con el espíritu, pero cantaré también con el entendimiento.
1 Corintios 14:15

Doy gracias a Dios que hablo en lenguas más que todos vosotros. 1 Corintios 14:18

Pablo poseía un arma secreta. La llamaba orar *"con el espíritu."* La conocemos simplemente como hablar en lenguas.

La primera vez que oí sobre hablar en lenguas extrañas de parte de algunos miembros del club bíblico de mi escuela secundaria, estaba convencido que estaban implicados en algo muy peligroso y posiblemente satánico. Dado que yo era el fundador y presidente del club, sentí que era mi obligación estudiar el asunto y ayudar a corregir sus pensamientos.

Encontré un libro que concordaba con mi evaluación y comencé a ilustrarme sobre sus argumentos para poder ayudar a mis "errados" compañeros. Cuando sentí que estuve listo para "enderezarlos" y me dirigí a ellos con los argumentos que había memorizado, me sorprendí al notar que lo que les estaba diciendo contenía inconsistencias. Así que decidí regresar y estudiar el asunto más detalladamente.

En esta ocasión, en vez de utilizar el libro y las referencias que sugería, leí directamente de la Biblia. Quedé sorprendido al saber que hablar en lenguas extrañas era una experiencia muy bíblica que los primeros creyentes practicaban y enseñaban.

Isaías había profetizado sobre la eventual manifestación de hablar en lenguas extrañas (ver Isaías 28:11). Inmediatamente antes de regresar al cielo, Jesús incluyó hablar en lenguas extrañas en su lista de señales y dijo: *"seguirán a los que creen"* (Marcos 16:17). Los Hechos de los Apóstoles registra el hecho de que las lenguas extrañas serían

UN ARMA SECRETO

recibidas cada vez que los creyentes experimentasen el bautismo del Espíritu Santo (ver Hechos 2:4-11, 10:44-46, y 19:6). Y Pablo dedicó tres capítulos completos de su primera carta a los Corintios sobre los usos y abusos de hablar en lenguas extrañas (ver 1 Corintios 12-14).

En vez de desentenderme de la manifestación de hablar en lenguas extrañas, mi investigación me originó una especie de apetencia para recibir el poder prometido por Jesús a los primeros creyentes y eso consideraba incluir esta señal (ver Hechos 1:8). Proseguí a recibir el bautismo del Espíritu Santo con la evidencia adicional de hablar en lenguas extrañas, y la experiencia transformó mi vida. El adelanto ganado a través de la oración en el Espíritu permitió tornarme misionero y ministrar en más de sesenta países.

Dado que un título en esta Serie: Llaves Maestros está dedicado completamente a este fenómeno de hablar en lenguas extrañas *(Hablando en lenguas desconocidas,* McDougal Publishing [Hagerstown, MD: 2010]), no repetiré ese material aquí. No puedo, sin embargo, escribir acerca de los secretos de su efectividad en la vida del apóstol Pablo e ignorar este tema tan importante.

Pablo no ignoraba hablar en lenguas. Ningún tema ameritaba más espacio en sus escritos a las iglesias. Él mismo hablaba en lenguas como alabanza y como intercesión (ver 1 Corintios 14:14-15). Pablo creía que esta práctica era edificante, y la recomendaba a todo el mundo (ver 1 Corintios 14:4-5). Usaba su habilidad para hablar en lenguas extrañas más que los cristianos corintios (que eran conocidos por sus abusos de este don) (ver 1 Corintios 14:18). Y nos ordenó en sus escritos no impedir esta experiencia sobrenatural (ver 1 Corintios 14:39).

Si algo nos ha llegado tan encomendado por un hombre de la jerarquía de Pablo, no debemos tomarlo ligeramente. Cada uno de nosotros debemos aprender más acerca de esta experiencia, asegurarnos de hacerla nuestra y usarla apropiadamente.

La encuesta más reciente que tengo conocimiento muestra que hoy en día hay más de medio billón de creyentes alrededor del mundo que han sido bautizados en el Espíritu Santo y hablado en otras lenguas. Este es un porcentaje en aumento de la población mundial, y también es el comienzo del cumplimiento de la profecía de Joel que Dios derramará su Espíritu *"sobre toda carne"* (Joel 2:28).

Pero muchos de aquellos que han recibido esta expresión del Espíritu Santo (incluyendo hablar en lenguas extrañas) no han hecho total uso de su don. Existen varias razones. Muchos simplemente no han sido instruidos. Aunque hablaron en lenguas cuando fueron colmados del Espíritu, no

UN ARMA SECRETO

están conscientes de las aplicaciones adicionales de este don, oración intercesora en el Espíritu y alabanza. Guardan su nueva arma en un lugar seguro, felices de tenerla, pero ignoran su poder.

El enemigo de nuestras almas, sabiendo el poder de la oración intercesora y la alabanza espiritual, ha hecho un gran esfuerzo en enturbiar las aguas, produciendo tanta confusión como fuese posible acerca de hablar en lenguas extrañas, y dejando a muchos con el temor de cometer errores o incluso ser utilizados por el diablo si usan este don. En consecuencia, sus armas permanecen ocultas.

Muchos han ejercitado la oración en el Espíritu y alabanza espiritual en lenguas extrañas, pero se echan atrás cuando el enemigo les dice: "No estás logrando absolutamente nada. Esto es ridículo. Estás perdiendo el tiempo. Es majadería infantil." Nadie quisiera estar perdiendo su tiempo. Nadie desea estar haciendo algo ridículo. Nadie quiere trabajar en algo que no conduce a nada. Así que luego de un corto período de ensayo (en el cual cada vez más sienten que están perdiendo su tiempo), muchos desisten de hablar en lenguas. Y esto place completamente al enemigo.

El simple hecho que Satanás es un consumado mentiroso y el padre de las mentiras (ver Juan 8:44) es una de las verdades más importantes de las escrituras. Con el propósito de defendernos de estas mentiras debemos armarnos con la poderosa palabra de Dios. Los escritos de Pablo (los cuales incluyen las enseñanzas de hablar en lenguas extrañas) han sido reconocidos por padres de la Iglesia durante siglos como ser parte de la sagrada Biblia donde nos señala el punto de vista de Dios sobre las cosas. Aceptemos la perspectiva de Dios. ¡Sacad vuestra arma secreta del escondite y usadla para la gloria de Dios!

En cuanto a la mentira del enemigo que hablar en lenguas extrañas es majadería infantil: Ha sido una educación sumamente importante para mí viajar a tantos países y oír a la gente hablar en diversos idiomas. Si no hubiese sabido que eran adultos sosteniendo una conversación genuina podría haber pensado que estaban imitando pájaros o recreando juegos de niños. Los idiomas son tan variados y con sonidos tan extraños para aquellos que no los conocen, que parecen absurdos, infantiles.

Recuerdo estar en una estación de monorriel en Japón en 1964, pensando que el anunciador estaba diciendo lo mismo una y otra vez. Pues, no lo estaba. Las terminaciones puestas en ciertas palabras me parecían repetitivas. Un ministro que me acompañaba me explicó lo que decía y aclaró mi confusión.

Si no supieras español y oyeras a alguien decir

UN ARMA SECRETO

una sencilla frase como: "Los críos estaban corriendo y brincando y saltando," podrías pensar que la persona estaba hablando tonterías. No permitas que Satanás te mienta sobre esta experiencia. Los experimentos llevados a cabo por lingüistas que han examinado las frases dichas en lenguas extrañas por creyentes humildes han testificado que distinguieron patrones de un lenguaje definido en lo que se decía.

Hablar en lenguas extrañas no es infantil. No es ridículo. Tampoco es una pérdida de tiempo. Es un arma de guerra poderosa. Usada consistentemente hará huir al enemigo.

Capítulo 9

Una vida de fe

Y como era del mismo oficio, se quedó con ellos, y trabajaban juntos, pues el oficio de ellos era hacer tiendas. Hechos 18:3

Es irónico que Pablo y su fabricación de tiendas hayan sido usadas por tantos ministros como una excusa para dividirse entre el trabajo secular y el ministerio cristiano. Ninguno de los escritores de la Biblia habló tan poderosa y convincentemente sobre la vida de fe que Pablo, y nadie vivió más consistente y poderosamente que él.

Vivir por la fe no solamente significa vivir sin ingresos garantizados. Significa depender de Dios

UNA VIDA DE FE

como fuente de suministro. En un sentido, todos los creyentes viven por la fe, sin consideración de cuan abultados sean sus ingresos financieros. Muchos quienes poseen ingresos buenos y estables dan grandes impulsos de fe cuando Dios les comunica hacer algo especial y que está más allá de sus medios. Vivir por la fe significa que dependemos del Señor.

Los ministros del evangelio son llamados para vivir existencias especiales de fe. En el Antiguo Testamento, los levitas no recibían una herencia como lo hacían aquellos de otras tribus. La herencia de los levitas era espiritual. Físicamente, vivían de los diezmos llevados a los depósitos por otros israelitas. En un sentido, podríamos decir que dependían de la lealtad de los otros creyentes, pero en un sentido más amplio (dado que servían a Dios), Él era responsable de ellos. Vivían una existencia que dependía del Señor. Si las otras tribus no obedecían a Dios, Él satisfacía las necesidades de los levitas de algún modo.

Jesús instruyó una vida de fe a sus discípulos:

Habiendo reunido a sus doce discípulos, les dio poder y autoridad sobre todos los demonios, y para sanar enfermedades. Y los envió a predicar el reino de Dios, y a sanar a los enfermos. Y les dijo: No toméis nada

SECRETOS DE UN SERVIDOR

para el camino, ni bordón, ni alforja, ni pan, ni dinero; ni llevéis dos túnicas. Y en cualquier casa donde entréis, quedad allí, y de allí salid. Y dondequiera que no os recibieren, salid de aquella ciudad, y sacudid el polvo de vuestros pies en testimonio contra ellos. Y saliendo, pasaban por todas las aldeas, anunciando el evangelio y sanando por todas partes. Lucas 9:1-6

Tanto Mateo como Marcos hicieron el mismo relato (ver Mateo 10:5-15 y Marcos 6:7-11). Cuando Jesús envió a los setenta, les dio instrucciones similares:

Después de estas cosas, designó el Señor también a otros setenta, a quienes envió de dos en dos delante de él a toda ciudad y lugar adonde él había de ir. Y les decía: La mies a la verdad es mucha, mas los obreros pocos; por tanto, rogad al Señor de la mies que envíe obreros a su mies. Id; he aquí yo os envío como corderos en medio de lobos. No llevéis bolsa, ni alforja, ni calzado; y a nadie saludéis por el camino. En cualquier casa donde entréis, primeramente decid: Paz sea a esta casa. Y si hubiere allí algún hijo de paz, vuestra paz reposará sobre él; y si

UNA VIDA DE FE

no, se volverá a vosotros. Y posad en aquella misma casa, comiendo y bebiendo lo que os den; porque el obrero es digno de su salario. No os paséis de casa en casa. En cualquier ciudad donde entréis, y os reciban, comed lo que os pongan delante; y sanad a los enfermos que en ella haya, y decidles: Se ha acercado a vosotros el reino de Dios. Mas en cualquier ciudad donde entréis, y no os reciban, saliendo por sus calles, decid: Aun el polvo de vuestra ciudad, que se ha pegado a nuestros pies, lo sacudimos contra vosotros. Pero esto sabed, que el reino de Dios se ha acercado a vosotros. Lucas 10:1-11

Pablo instruyó lo mismo:

¿Quién fue jamás soldado a sus propias expensas? ¿Quién planta viña y no come de su fruto? ¿O quién apacienta el rebaño y no toma de la leche del rebaño? ¿Digo esto sólo como hombre? ¿No dice esto también la ley? Porque en la ley de Moisés está escrito: No pondrás bozal al buey que trilla. ¿Tiene Dios cuidado de los bueyes, o lo dice enteramente por nosotros? Pues por nosotros se escribió; porque con esperanza debe arar el que ara, y el que trilla, con esperanza de recibir del

SECRETOS DE UN SERVIDOR

fruto. Si nosotros sembramos entre vosotros lo espiritual, ¿es gran cosa si segáremos de vosotros lo material?

¿No sabéis que los que trabajan en las cosas sagradas, comen del templo, y que los que sirven al altar, del altar participan? Así también ordenó el Señor a los que anuncian el evangelio, que vivan del evangelio.

1 Corintios 9:7-11 y 13-14

Pues la Escritura dice: No pondrás bozal al buey que trilla; y: Digno es el obrero de su salario. 1 Timoteo 5:18

A Dios le place satisfacer las necesidades de sus sirvientes a través de su pueblo (ver Lucas 6:38). Él usa este medio como una doble bendición. Las necesidades de sus sirvientes son satisfechas, y en el proceso, su pueblo es bendecido por su fidelidad.

Es muy probable que Elías fuese criticado cuando "se impuso" sobre la viuda desfalleciente de Sarepta y le pidió su última ración de comida para sí mismo (ver 1 Reyes 17:8-16). Sin embargo, no tengo dudas que esta viuda agradecía a Dios cada día durante los meses que siguieron a medida que ella y su hijo eran mantenidos por sus milagros, mientras que otros cercanos a ellos morían de hambre.

UNA VIDA DE FE

La vida de fe perfilada en la Biblia demuestra claramente la voluntad de Dios hacia sus sirvientes. Incluso, a pesar de este conocimiento, Pablo cosía tiendas. ¿Por qué?, ¿Pretendía usar las tiendas en su evangelización asiática? Aparentemente no.

En su primera carta a los Corintios, Pablo habló de su derecho a no trabajar (en el sentido secular):

> *¿O sólo yo y Bernabé no tenemos derecho de no trabajar?*   1 Corintios 9:6

Sin embargo, Pablo no usó este derecho mientras estuvo en Corinto, pensando que sería un obstáculo para su ministerio ahí:

> *Si otros participan de este derecho sobre vosotros, ¿cuánto más nosotros? Pero no hemos usado de este derecho, sino que lo soportamos todo, por no poner ningún obstáculo al evangelio de Cristo.*   1 Corintios 9:12

En tal ocasión en particular, Pablo sentía esto tan intensamente que manifestó que preferiría morir antes que recibir dinero de los corintios:

> *Pero yo de nada de esto me he aprovechado, ni tampoco he escrito esto para que se haga*

SECRETOS DE UN SERVIDOR

así conmigo; porque prefiero morir, antes que nadie desvanezca esta mi gloria.

1 Corintios 9:15

El estaba determinado a llevar el evangelio *"gratuitamente"*:

¿Cuál, pues, es mi galardón? Que predicando el evangelio, presente gratuitamente el evangelio de Cristo, para no abusar de mi derecho en el evangelio. 1 Corintios 9:18

Al mismo tiempo que Pablo rehusaba tomar dinero de los corintios, aceptaba colectas de otras iglesias, hasta el punto de sentir que era demasiado, que les había *"despojado"*:

¿Pequé yo humillándome a mí mismo, para que vosotros fueseis enaltecidos, por cuanto os he predicado el evangelio de Dios de balde? He despojado a otras iglesias, recibiendo salario para serviros a vosotros. Y cuando estaba entre vosotros y tuve necesidad, a ninguno fui carga, pues lo que me faltaba, lo suplieron los hermanos que vinieron de Macedonia, y en todo me guardé y me guardaré de seros gravoso. Por la verdad de Cristo que está en mí, que no se

UNA VIDA DE FE

me impedirá esta mi gloria en las regiones de Acaya. 2 Corintios 11:7-10

No tendría sentido recibir *"salario"* de una iglesia para servir a otra y rehusar aceptar cualquier cosa de la segunda, salvo que hubiese un problema subyacente. Estoy seguro que ese era el caso en Corinto.

Considero que la raíz de este asunto es que hubo ministros poco sinceros que habían visitado Corinto en cierta ocasión. Habían intentado ensalzarse y criticar a Pablo. Su amor por los corintios lo impulsaron a escribirles una carta de clarificación:

Estoy dispuesto a proceder resueltamente contra algunos que nos tienen como si anduviésemos según la carne.. 2 Corintios 10:2

Es esta segunda carta a los Corintios (capítulos 10 al 12), Pablo sacó a relucir la actitud imprudente de aquellos falsos hermanos de los cuales habló. Al hacerlo, alardeó de sus propios logros. Parte de lo que declaró ahí fue:

Me he hecho un necio al gloriarme; vosotros me obligasteis a ello. 2 Corintios 12:11

Una de las presunciones de Pablo fue que, a diferencia de otros, no había sido imputado de cargos a los corintios por servirlos en el evangelio. Les había procurado el evangelio sin cargo. Pero, ¿por qué le dio tal importancia a esto?

Me resulta evidente que los *"falsos apóstoles"* del 2 Corintios 11:13 habían hecho una de dos cosas: O habían abusado de la generosidad de los corintios, o no se habían llevado nada y criticaron a aquellos que sí lo hicieron, sugiriendo haber andado en la carne. Cualquiera de estos actos pudo haber precipitado la respuesta de Pablo. Él dependía de Dios para satisfacer sus necesidades. Si sus necesidades no pudiesen ser satisfechas de forma normal (a través de la gente que estaba ministrando), Dios lo haría de otro modo.

Este principio también había sido probado a través de las escrituras. Cuando no había suministros en el desierto donde comprar, Dios enviaba maná desde el cielo (ver Deuteronomio 2:7). Cuando la gente a quien ministraba Elías ya no podía satisfacer sus necesidades debido a la hambruna, Dios envió cuervos para que lo alimentasen (ver 1 Reyes 17:6). Cuando el arroyo del cual bebía se secó, Dios multiplicó la comida en una vasija de una viuda y el aceite en su recipiente para continuar satisfaciendo las necesidades físicas del profeta (ver versículo 16). Cuando resultó muy distante y tarde enviar por comida a la multitud que lo

UNA VIDA DE FE

seguía, Jesús multiplicó los panes y peces y los alimentó (ver Mateo 14:15-21).

La enseñanza de Pablo a los filipenses sobre este tema se ha vuelto la promesa clásica de la palabra de Dios para muchos de nosotros:

Mi Dios, pues, suplirá todo lo que os falta conforme a sus riquezas en gloria en Cristo Jesús. Filipenses 4:19

La vida de fe es maravillosa, porque depender del Señor es maravilloso. Él nuca falla. Su abastecimiento no depende de la obediencia de los hombres. No le afecta el clima, el servicio de correos, el estado do los bancos ni cualquier otra circunstancia externa. Cuando confiamos en Dios, ya no tenemos que preocuparnos en ser complacientes hacia de la gente. Podemos concentrarnos en la voluntad de Dios. Ningún hombre ha dado ejemplo más grande que Pablo. Seguid su ejemplo y desarrollad vuestra propia vida de fe.

Capítulo 10

Un hombre, pero ¡Qué hombre!

Sirviendo al Señor con toda humildad, y con muchas lágrimas, y pruebas que me han venido por las asechanzas de los judíos.
Hechos 20:19

Y estuve entre vosotros con debilidad, y mucho temor y temblor.   1 Corintios 2:3

Porque hermanos, no queremos que ignoréis acerca de nuestra tribulación que nos sobrevino en Asia; pues fuimos abrumados sobremanera más allá de nuestras fuerzas,

UN HOMBRE, PERO ¡QUÉ HOMBRE!

de tal modo que aun perdimos la esperanza de conservar la vida. 2 Corintios 1:8

Porque de cierto, cuando vinimos a Macedonia, ningún reposo tuvo nuestro cuerpo, sino que en todo fuimos atribulados; de fuera, conflictos; de dentro, temores.
2 Corintios 7:5

Pablo no era perfecto o infalible. Era un gran hombre, pero un hombre al fin. Y ningún hombre (o mujer) es infalible. Incluso si un hombre es un papa, presidente, primer ministro, profeta, sacerdote, pastor o director, él o ella sigue siendo humano. Hombres y mujeres tienen pasiones, y tienen limitaciones.

A pesar de su conversión, a pesar de su llamado, a pesar de su revelación, a pesar de su unción, a pesar de sus trabajos, Pablo permaneció como un hombre hasta el día de su muerte. El era carne y estuve constantemente luchando para mantener esa carne subyugada al Espíritu de Dios. Bajo su piel yacía la antigua naturaleza de Saulo de Tarso, luchando por volver a vivir y ser visto.

En general la vida de Pablo parece poco realista al considerar su dominio en el andar espiritual. Más aun, a través de las escrituras se encuentran diseminadas algunas descripciones cortas pero

SECRETOS DE UN SERVIDOR

reveladoras de él como hombre. Ahora veamos algunas de ellas.

§

Entonces Pablo, mirando fijamente al concilio, dijo: Varones hermanos, yo con toda buena conciencia he vivido delante de Dios hasta el día de hoy. El sumo sacerdote Ananías ordenó entonces a los que estaban junto a él, que le golpeasen en la boca. Entonces

Pablo le dijo: ¡Dios te golpeará a ti, pared blanqueada! ¿Estás tú sentado para juzgarme conforme a la ley, y quebrantando la ley me mandas golpear? Los que estaban presentes dijeron: ¿Al sumo sacerdote de Dios injurias? Pablo dijo: No sabía, hermanos, que era el sumo sacerdote; pues escrito está: No maldecirás a un príncipe de tu pueblo.

Hechos 23:1-5

En un impulso súbito, Pablo emitió las poderosas palabras del versículo tres. Declaró, no como una venganza particular, sino por inspiración del Espíritu Santo. Las palabras que brotaron de sus labios fueron profecías proclamadas divinamente. Dios le sonrió a Ananías. Fue asesinado por terroristas al comienzo de la guerra judía en el año 58 DC.

UN HOMBRE, PERO ¡QUÉ HOMBRE!

(Este pasaje es similar a Juan 18:19-24, donde Jesús recibió el mismo trato por hablar audazmente al sumo sacerdote.)

Aquí se aprecia la humanidad de Pablo. Después de haberse exteriorizado así por inspiración y consagración, se disculpó pensando que su propio espíritu le había hablado. De pronto cuestionó su propia revelación profética. Su arresto y su cruel maltrato podrían haber hecho tambalear su fe por un momento. Esta puede ser la razón de porqué el Señor se presentó en la celda ante él esa misma noche y lo reconfortó haciéndole ver que estaba en la voluntad de Dios.

Juan el Bautista tuvo una experiencia similar. Después de presentar a Jesús al pueblo de Judea como *"el Cordero de Dios, que quita el pecado del mundo"* (Juan 1:29), experimentó períodos de duda durante su encarcelación (ver Mateo 11:2-3). Cuando envió emisarios para preguntar si Jesús era realmente el Mesías esperado o si debían esperar a otro, Jesús no respondió con una reprimenda, sino que expresó:

> *Id, y haced saber a Juan las cosas que oís y veis. Los ciegos ven, los cojos andan, los leprosos son limpiados, los sordos oyen, los muertos son resucitados, y a los pobres es*

SECRETOS DE UN SERVIDOR

anunciado el evangelio; y bienaventurado es el que no halle tropiezo en mí.

Mateo 11:4-6

¡Qué reconfortante es saber que Dios comprende las debilidades humanas!

§

Esto, pues, determiné para conmigo, no ir otra vez a vosotros con tristeza.
Porque por la mucha tribulación y angustia del corazón os escribí con muchas lágrimas, no para que fueseis contristados, sino para que supieseis cuán grande es el amor que os tengo.

2 Corintios 2:1 y 4

Porque aunque os contristé con la carta, no me pesa, aunque entonces lo lamenté; porque veo que aquella carta, aunque por algún tiempo, os contristó. Ahora me gozo, no porque hayáis sido contristados, sino porque fuisteis contristados para arrepentimiento; porque habéis sido contristados según Dios, para que ninguna pérdida padecieseis por nuestra parte. Porque la tristeza que es según Dios produce arrepentimiento para salvación, de

UN HOMBRE, PERO ¡QUÉ HOMBRE!

que no hay que arrepentirse; pero la tristeza del mundo produce muerte.
2 Corintios 7:8-10

Pablo se sintió forzado a escribir una carta muy seria a sus conversos en Corinto. Condenaba su falta de unidad (1 Corintios 1), su falta de crecimiento espiritual (capítulo 3), sus esquemas de corroída moral (capítulo 5), su hábito de llevar a un hermano a juicio (capítulo 6), su lujuria e idolatría (capítulo 6), su abuso de la cena del Señor (capítulo 11), su abuso de los dones espirituales (capítulos 12-14) y su falta de fe en la resurrección (capítulo 15). Luego, se sintió culpable de ser tan riguroso con los corintios y se arrepintió de sus escritos.

Esto no nos debe sorprender, porque la disciplina es difícil para cualquier padre. Evidentemente, los escritos estaban justificados. Pablo estaba movido por el Espíritu al escribir aquellas palabras. Era palabra de Dios, su mente perfecta para los corintios. Y también se ha vuelto parte de la sagrada Biblia, la palabra reconocida de Dios para todas las generaciones.

En la misma carta Pablo manifestó:

Mas siendo juzgados, somos castigados por el Señor, para que no seamos condenados con el mundo.   1 Corintios 11:32

SECRETOS DE UN SERVIDOR

Muchos creen que Pablo también escribió la carta a los Hebreos. Declara:

Porque el Señor al que ama, disciplina,
Y azota a todo el que recibe por hijo.
Hebreos 12:6

Pablo conocía bien la advertencia de la ley:

Reconoce asimismo en tu corazón, que como castiga el hombre a su hijo, así Jehová tu Dios te castiga. Deuteronomio 8:5

Pablo también conocía la sabiduría de Salomón:

No menosprecies, hijo mío, el castigo de Jehová,
 Ni te fatigues de su corrección;
Porque Jehová al que ama castiga,
 Como el padre al hijo a quien quiere.
Proverbios 3:11-12

Cuánto tiempo le tomó a Pablo darse cuenta de su error referente a la carta a los corintios no lo podemos asegurar. Por qué alguna vez dudó de la inspiración de sus palabras también es un misterio. Solamente podemos concluir que Pablo era humano y nosotros los humanos cometemos errores.

UN HOMBRE, PERO ¡QUÉ HOMBRE!

Pablo finalmente oyó desde el cielo lo relacionado a este asunto, y se lamentó por haberse arrepentido. Había tenido razón la primera vez. Conociendo esto, llegó tan lejos hasta regocijarse con todo el contenido dado que los corintios lamentaron el arrepentimiento.

§

> *Que vosotros sabéis que por flaqueza de carne os anuncié el evangelio al principio. Y no desechasteis ni menospreciasteis mi tentación que estaba en mi carne; antes me recibisteis como a un ángel de Dios, como a Cristo Jesús.* Gálatas 4:13-14

Pablo tenía tentaciones tan significativas que las denominó *"flaqueza de carne."* Eso no era un secreto, y se sorprendió al ver que los gálatas no lo habían despreciado o rechazado debido a la gravedad de la tentación. En cambio, lo habían recibido del modo respetuoso que él describe.

Posiblemente, esta tentación peligrosa era el resultado del *"mensajero de Satanás"* o *"aguijón en mi carne"* que sacudió a Pablo y de la cual manifestó en otras ocasiones:

> *Y para que la grandeza de las revelaciones no me exaltase desmedidamente, me fue*

SECRETOS DE UN SERVIDOR

dado un aguijón en mi carne, un mensajero de Satanás que me abofetee, para que no me enaltezca sobremanera; respecto a lo cual tres veces he rogado al Señor, que lo quite de mí. Y me ha dicho: Bástate mi gracia; porque mi poder se perfecciona en la debilidad. Por tanto, de buena gana me gloriaré más bien en mis debilidades, para que repose sobre mí el poder de Cristo.

2 Corintios 12:7-9

Un *"mensajero de satanás"* se le permitió abofetear a Pablo para que no se tornase orgulloso. Cada hombre y mujer viviente tiene una tendencia hacia el orgullo, y a menudo necesitamos la ayuda de Dios para refrenar esta tendencia. Satanás no envió este mensaje para abofetear a Pablo. Satanás se habría contentado que Pablo se *"enaltezca sobremanera."* Dios permitió a este mensajero de Satanás que sacudiera a Pablo.

Al comienzo, Pablo no estaba complacido con lo que le estaba sucediendo. Esa era una reacción muy humana. El veía esto como un obstáculo para el progreso, no como una comprobación de su propio ego. Tres veces suplicó para que el Señor se la quitase, pero el Señor sabía que era por el bien de Pablo el mantenerla. El Señor le proveyó gracia para superarla. Pablo aceptó la voluntad del Señor y decidió glorificar en sus debilidades.

UN HOMBRE, PERO ¡QUÉ HOMBRE!

Debería haber estado feliz, dado que Dios lo protegió compasivamente del pecado, el cual conduce a la caída de muchos hombres y mujeres grandes de Dios. Cuando entra el orgullo, el poder de Dios sale. Cuando cesamos en reconocer que sin Él no somos nada y sin Él no podemos hacer nada, Dios no puede continuar utilizándonos. La utilización ulterior sólo nos haría daño. Él nos muestra su fuerza cuando reconocemos nuestra debilidad:

§

También bauticé a la familia de Estéfanas; de los demás, no sé si he bautizado a algún otro. 1 Corintios 1:16

Debiera ser alentador para todos nosotros advertir que Pablo tenía mala memoria. Su primera declaración fue que no había bautizado a nadie excepto a Crispo y a Gayo (ver versículo 14). Luego de pensar por unos instantes, recordó haber bautizado también a la familia de Estéfanas, pero no pudo acordarse de otros. Hay esperanza para todos nosotros.

§

De donde, oyendo de nosotros los hermanos, salieron a recibirnos hasta el Foro de Apio

SECRETOS DE UN SERVIDOR

y las Tres Tabernas; y al verlos, Pablo dio gracias a Dios y cobró aliento.

Hechos 28:15

Si Pablo *"cobró aliento"* debe haber un elemento de desaliento ahí. La visión de hermanos en un lugar extraño y amenazante lo alentó. Todos necesitamos alentarnos. Todos necesitamos hermanos y hermanas que nos ayuden a veces.

§

Y atravesando Frigia y la provincia de Galacia, les fue prohibido por el Espíritu Santo hablar la palabra en Asia; y cuando llegaron a Misia, intentaron ir a Bitinia, pero el Espíritu no se lo permitió. Hechos 16:6-7

Pablo y sus compañeros deseaban dirigirse a Asia. Cuando el Espíritu Santo se los prohibió, intentaron ir a Bithynia. Cuando *"el Espíritu no se lo permitió,"* se dirigieron a Troas (ver versículo 8). Fue allí donde Pablo tuvo una visión en la cual Dios le indicó donde Él deseaba que fuese, Macedonia.

El corazón de Pablo era honesto. No siempre sabía exactamente lo que estaría haciendo, pero deseaba saber. Afortunadamente, el Espíritu cerraba algunas puertas e impedía otras actividades

UN HOMBRE, PERO ¡QUÉ HOMBRE!

intentadas, y luego la respuesta visiblemente provenía de la dirección de Dios.

§

Las cosas no siempre resultaron bien para Pablo. A menudo fue maltratado. Sufrió consecuencias inhumanas por el bien que hizo al predicar el evangelio. Otros intentaron de arruinar el trabajo que realizaba. Sufrió tentaciones peligrosas y un *"aguijón en la carne,"* un mensajero de Satanás enviado para zarandearlo. Sus planes fueron alterados frecuentemente por la violencia de la muchedumbre, atentados contra su vida o la falta de cooperación por parte de sus compañeros cristianos. Cuando quiso ir a Tesalónica, Satanás lo obstaculizó (ver 1 Tesalonicenses 2:18). Sufrió *"tribulaciones," "necesidades," "angustias," "azotes" "cárceles," "alborotos," y "trabajos,"* para mencionar sólo algunas dificultades que debió enfrentar (2 Corintios 6:4-5).

Pablo era tan resistido por unos hombres que se vio forzado a entregarlos a Satanás para la destrucción de la carne (ver 1 Timoteo 1:20). Aunque se le abrió puertas grandes, había *"muchos ... adversarios"* (1 Corintios 16:9). No pudo ir a todos los lugares que él proponía ir (ver Hechos 16:6-7, 19:21, 20:3 y Romanos 1:13).

A medida que vemos toda la escena, de la cual Pablo sólo veía fragmentos de aquí y allá, y aquellos que aun no encajan, parece evidente que muchos de los *"impedimentos"* que experimentó fueron realmente bendiciones ocultas y demostraron hallarse para su propio bien y para el bien del evangelio. Su *"aguijón en la carne,"* por ejemplo, fue una bendición suprema. La constante persecución de los no creyentes mantuvo a Pablo en una constante búsqueda de Dios, y la persecución de los creyentes hizo que dependiese totalmente del Señor.

Del mismo modo, muchas de las cosas que consideramos ser impedimentos en nuestras vidas son realmente enviadas del cielo para nuestro bien. Dad gracias a Dios por todo.

Pablo no era infalible, y nadie sabía sobre ese hecho mejor que él. En sus años postreros, aún luchaba con tesón para conocer completamente a Cristo. Declaró:

> *A fin de conocerle, y el poder de su resurrección, y la participación de sus padecimientos, llegando a ser semejante a él en su muerte ...* Filipenses 3:10

Pablo era un hombre, pero no simplemente un hombre. Era un hombre transformado por la gracia salvadora de Jesucristo a través de una conversión genuina. Era un hombre que, desde el primer día

UN HOMBRE, PERO ¡QUÉ HOMBRE!

de su nueva vida en Cristo, estuvo motivado por una pasión poderosa. Era un hombre que demostraba confianza y autoridad dada su reconocida vocación. Era un hombre con una mira a la gloria de Dios, que podía erguirse sólo si fuese necesario, porque tenía una revelación divina. Era un hombre que nunca miró hacia atrás, porque se había comprometido totalmente a los caminos de Dios. Era un hombre que no se conmovía por la opinión pública, porque tenía una determinación férrea en hacer la perfecta voluntad de Dios. Era un hombre que podía congeniar con sus compañeros de trabajo, porque tenía un enfoque realista hacia la vida y al ministerio, aunque nunca usó su libertad cristiana como una licencia hacia el pecado. Era un hombre que poseía un arma secreta, orar en el Espíritu. Era un hombre que nunca se conmovió por consideraciones económicas, porque desarrolló e instruyó una vida de fe, dependencia del Señor como su fuente.

Sí, Pablo era un hombre. Pero, ¡Qué hombre!

El índice de escrituras usadas

1 Corintios 1   157
1 Corintios 1:11   77
1 Corintios 1:14   161
1 Corintios 1:16   161
1 Corintios 2:3   152
1 Corintios 3   157
1 Corintios 5   157
1 Corintios 6   157
1 Corintios 7:19   124
1 Corintios 8:9   128
1 Corintios 9:1   35
1 Corintios 9:6   147
1 Corintios 9:7-11   146
1 Corintios 9:12   147
1 Corintios 9:13-14   146
1 Corintios 9:15   148
1 Corintios 9:18   148
1 Corintios 9:20   133
1 Corintios 9:20-23   124
1 Corintios 9:22   133
1 Corintios 11   157
1 Corintios 11:23   78
1 Corintios 11:32   157
1 Corintios 12-14   137, 157
1 Corintios 14:4-5   138
1 Corintios 14:14-15   138
1 Corintios 14:15   135
1 Corintios 14:18   135, 138
1 Corintios 14:39   138
1 Corintios 15   53, 157
1 Corintios 15:3-4   47
1 Corintios 15:5   48, 55
1 Corintios 15:6   48
1 Corintios 15:7   48, 49

EL ÍNDICE DE ESCRITURAS USADAS

1 Corintios 15:8   50
1 Corintios 15:8-10   35
1 Corintios 15:9   35
1 Corintios 15:9-10   52
1 Corintios 15:10   6, 10
1 Corintios 15:51   9
1 Corintios 16:1-3   130
1 Corintios 16:9   163
1 Reyes 17:1   150
1 Reyes 17:6   150
1 Reyes 17:8-16   146
1 Tesalonicenses 2:18   163
1 Tesalonicenses 5:18   101
1 Timoteo 1:13   12, 13
1 Timoteo 1:14   13
1 Timoteo 1:15   13
1 Timoteo 1:20   163
1 Timoteo 2:7   36
1 Timoteo 3:2-3   17
1 Timoteo 3:7   17
1 Timoteo 3:11   17
1 Timoteo 5:18   146
2 Corintios 1:8   153
2 Corintios 2:1   156
2 Corintios 2:4   156
2 Corintios 5:17   11, 15
2 Corintios 6:4-5   163
2 Corintios 7:5   153
2 Corintios 7:8-10   157
2 Corintios 9:1-5   130
2 Corintios 10   149
2 Corintios 10:2   149
2 Corintios 10-12   149
2 Corintios 11:5   35
2 Corintios 11:7-10   149
2 Corintios 11:13   150
2 Corintios 11:18   98
2 Corintios 11:21   98
2 Corintios 11:23   98
2 Corintios 11:24-28   98
2 Corintios 11:28   53
2 Corintios 11:32   21
2 Corintios 12:7-9   160
2 Corintios 12:11   53, 149
2 Corintios 13:2   78
2 Timoteo 1:5   124
2 Timoteo 1:7-8   101
2 Timoteo 1:12   102
2 Timoteo 2:3   102
2 Timoteo 2:10   102
2 Timoteo 2:12   102
2 Timoteo 3:12   102
2 Timoteo 3:15   124

C

Colosenses 1:24   101
Colosenses 2:14   127

D

Daniel 7:14   75
Deuteronomio 2:7   150
Deuteronomio 8:5   158

E

Efesios 2:15   127
Efesios 5:20   100
Efesios 6:18-19   9

F

Filipenses 3:5   76
Filipenses 3:10   164
Filipenses 4:13   100
Filipenses 4:19   151

SECRETOS DE UN SERVIDOR

G

Gálatas 1:6   78
Gálatas 1:12   24
Gálatas 1:13   12
Gálatas 1:14   77
Gálatas 1:18-19   29
Gálatas 1:22-24   32
Gálatas 2   123
Gálatas 2:2   72, 79
Gálatas 2:3   72
Gálatas 2:4   71
Gálatas 2:4-5   128
Gálatas 2:5   71, 133
Gálatas 2:6-7   72
Gálatas 2:9   127
Gálatas 2:11   64
Gálatas 2:12   64
Gálatas 2:13   70
Gálatas 2:14   74
Gálatas 2:16   127
Gálatas 3:11   127
Gálatas 4:13-14   159
Gálatas 5:1   71
Gálatas 5:2   123
Gálatas 5:18   127
Gálatas 6:14   100
Génesis 22:18   75

H

Hebreos 12:6   158
Hechos 1:3   45
Hechos 1:8   76, 137
Hechos 1:15   55
Hechos 1:21-22   47
Hechos 2:4-11   137
Hechos 2:41   55
Hechos 3:4-6   55
Hechos 3:12   55
Hechos 3:19   17
Hechos 4:8   55
Hechos 4:13   55
Hechos 4:19   55
Hechos 4:36   64, 76
Hechos 4:37   64
Hechos 5:3   55
Hechos 5:9   55
Hechos 5:15   56
Hechos 5:36   37
Hechos 5:37   37, 38
Hechos 6:9   26
Hechos 6:10   26
Hechos 6:11   26
Hechos 7:54   26
Hechos 7:57-58   27
Hechos 7:58   27
Hechos 8   108
Hechos 8:1   12, 28, 29
Hechos 8:3   28
Hechos 8:9   36
Hechos 8:10   37
Hechos 9:1-2   13, 28
Hechos 9:3-7   81
Hechos 9:6   82
Hechos 9:8-9   81
Hechos 9:10   82
Hechos 9:11   82
Hechos 9:12   82
Hechos 9:13-14   82
Hechos 9:15   112
Hechos 9:15-16   82
Hechos 9:16   80
Hechos 9:19   22
Hechos 9:20   19, 22

EL ÍNDICE DE ESCRITURAS USADAS

Hechos 9:21   23
Hechos 9:22   24
Hechos 9:23   20
Hechos 9:25   103
Hechos 9:27   65
Hechos 9:28   29
Hechos 9:29   25, 30, 31
Hechos 9:29-31   19
Hechos 9:30   103
Hechos 9:31   32
Hechos 9:32-35   56
Hechos 9:36-40   56
Hechos 10:5   56
Hechos 10:12   57
Hechos 10:13   57
Hechos 10:14   58
Hechos 10:15   58
Hechos 10:19-20   59
Hechos 10:23   62
Hechos 10:24   62
Hechos 10:28   63
Hechos 10:30-33   63
Hechos 10:34   63
Hechos 10:35   63
Hechos 10:36   63
Hechos 10:44   63
Hechos 10:44-46   137
Hechos 10:45   62
Hechos 11   109
Hechos 11:12   62
Hechos 11:18   130
Hechos 11:24   70
Hechos 11:25-26   20, 34
Hechos 11:26   65
Hechos 12:2   71
Hechos 12:7-11   56
Hechos 13:2   66

Hechos 13:6-12   66
Hechos 13:14-49   66
Hechos 13:39   127
Hechos 14:5-6   103
Hechos 14:8-10   66
Hechos 14:11   67
Hechos 14:12   67
Hechos 14:13   67
Hechos 15   123
Hechos 15:1   123
Hechos 15:39   68
Hechos 16:2   125
Hechos 16:3   120, 122
Hechos 16:5   125
Hechos 16:6-7   162, 163
Hechos 16:8   162
Hechos 17:6-10   103
Hechos 17:13-14   103
Hechos 18:3   142
Hechos 19:6   137
Hechos 19:11-12   10
Hechos 19:21   163
Hechos 20:3   103, 163
Hechos 20:16   105
Hechos 20:19   152
Hechos 20:22-23   95, 110
Hechos 20:24   80, 96, 115
Hechos 21:4   105, 107, 114
Hechos 21:10-12   106
Hechos 21:11   109
Hechos 21:12   109
Hechos 21:13   115
Hechos 21:14   106, 111, 119
Hechos 21:20   128, 130
Hechos 21:21   129
Hechos 21:23-24   126
Hechos 21:26   120, 126

SECRETOS DE UN SERVIDOR

Hechos 21:26-27   131
Hechos 21:36   116
Hechos 21:40   116
Hechos 22:1-21   117
Hechos 22:18   112
Hechos 22:18 y 21   112
Hechos 22:19   11
Hechos 22:22-24   117
Hechos 23:1-5   154
Hechos 23:6   76
Hechos 23:11   116
Hechos 23:12-22   103
Hechos 24:17   130
Hechos 25:9-12   104
Hechos 26:5   76
Hechos 26:10-11   12
Hechos 28:15   162

I

Isaías 9:2   75
Isaías 28:11   136
Isaías 49:6   75
Isaías 53:5   43
Isaías 60:3   75

J

Joel 2:28   138
John 21:7   62
Juan 1:29   155
Juan 6:35   40
Juan 6:71   48
Juan 7:6   103
Juan 8:12   40
Juan 8:44   139
Juan 10:7   40
Juan 11:25   40
Juan 14:6   40
Juan 17:1-4   43
Juan 18:19-24   155
Juan 19:30   43
Juan 20:6   55
Juan 20:24   48
Juan 20:28   45
Juan 20:30   46
Juan 21:2-3   61
Juan 21:4   61
Juan 21:6   61
Juan 21:15   55
Juan 21:16   55
Juan 21:20   70

L

Lucas 4:15   75
Lucas 4:22   38
Lucas 4:36   38
Lucas 4:38-39   54
Lucas 4:44   75
Lucas 5:1-3   60
Lucas 5:3-6   54
Lucas 5:4   60
Lucas 5:5   61
Lucas 5:6-7   61
Lucas 5:7-10   70
Lucas 5:26   39
Lucas 6:38   146
Lucas 7:49   39
Lucas 8:22-25   70
Lucas 8:25   40
Lucas 8:51   54
Lucas 9:1-6   144
Lucas 9:28-29   54
Lucas 10:1-11   145
Lucas 22:30   36
Lucas 22:31-32   54

EL ÍNDICE DE ESCRITURAS USADAS

Lucas 22:47   48
Lucas 24:12   55
Lucas 24:34   47, 55

M

Marcos 1:30-31   54
Marcos 1:39   75
Marcos 2:12   39
Marcos 5:34-43   70
Marcos 5:37   54
Marcos 6:2   39
Marcos 6:7-11   144
Marcos 7:27   75
Marcos 7:37   39
Marcos 9:2   54
Marcos 14:10   48
Marcos 14:17   48
Marcos 14:33   54
Marcos 15:37   41
Marcos 16:10   45
Marcos 16:11   45
Marcos 16:15   76
Marcos 16:17   136
Mateo 4:19   41
Mateo 4:23   75
Mateo 5:1-12   70
Mateo 8:7   75
Mateo 8:10   75
Mateo 8:14-15   54
Mateo 8:16   41
Mateo 8:22   41
Mateo 9:33   39
Mateo 9:35   75
Mateo 10:5-6   75
Mateo 10:5-15   144
Mateo 10:16   133
Mateo 11:2-3   155
Mateo 11:4-6   156
Mateo 13:54   39
Mateo 14:15-21   151
Mateo 14:29   54
Mateo 14:36   41
Mateo 15:21   75
Mateo 15:22-28   75
Mateo 15:26   75
Mateo 16:15   54
Mateo 16:16   54
Mateo 16:17   54
Mateo 16:19   54
Mateo 17:1   71
Mateo 17:1-2   54
Mateo 17:1-3   70
Mateo 17:27   54
Mateo 18:3   16
Mateo 19:21   41
Mateo 19:28   36
Mateo 26:20   48
Mateo 26:37   54
Mateo 26:47   48
Mateo 28:2   43
Mateo 28:19   76

N

Números 6   131, 132
Números 19:16   131
Números 19:19   131

O

Oseas 2:23   75

P

Proverbios 3:11-12   158

R

Romanos 1:1   35
Romanos 1:13   163
Romanos 3:1-2   124
Romanos 3:20   127
Romanos 7:4   127
Romanos 8:18   100
Romanos 11:1   76
Romanos 11:13   35
Romanos 14:13   134
Romanos 15:16   112
Romanos 15:25-26   130
Romanos 16:25-26   9

S

Salmo 22:27   75
Salmo 86:9   75

Pero por la gracia de Dios soy lo que soy; y su gracia no ha sido en vano para conmigo, antes he trabajado más que todos ellos; pero no yo, sino la gracia de Dios conmigo.

1 Corintios 15:10

www.ingramcontent.com/pod-product-compliance
Lightning Source LLC
Chambersburg PA
CBHW032119090426
42743CB00007B/401